KB207978

인공지능과 요한계시록
그리고
부활 환생의 비밀

인공지능과 요한계시록 그리고 부활 환생의 비밀

발행일   2025년 4월 23일

지은이   닥터 김요한
펴낸이   손형국
펴낸곳   (주)북랩
편집인   선일영   편집   김현아, 배진용, 김다빈, 김부경
디자인   이현수, 김민하, 임진형, 안유경   제작   박기성, 구성우, 이창영, 배상진
마케팅   김회란, 박진관
출판등록 2004. 12. 1(제2012-000051호)
주소   서울특별시 금천구 가산디지털 1로 168, 우림라이온스밸리 B동 B111호, B113~115호
홈페이지 www.book.co.kr
전화번호 (02)2026-5777   팩스   (02)3159-9637

ISBN   979-11-7224-314-2 03230 (종이책)   979-11-7224-315-9 05230 (전자책)

잘못된 책은 구입한 곳에서 교환해드립니다.
이 책은 저작권법에 따라 보호받는 저작물이므로 무단 전재와 복제를 금합니다.
이 책은 (주)북랩이 보유한 리코 장비로 인쇄되었습니다.

(주)북랩 성공출판의 파트너
북랩 홈페이지와 패밀리 사이트에서 다양한 출판 솔루션을 만나 보세요!
홈페이지 book.co.kr   •   **블로그** blog.naver.com/essaybook   •   **출판문의** text@book.co.kr

작가 연락처 문의 ▸ ask.book.co.kr
작가 연락처는 개인정보이므로 북랩에서 알려드릴 수 없습니다.

인공지능과 요한계시록
그리고
부활 환생의 비밀

성경에 예언된 특이점의 시대와 인류의 미래

닥터 **김요한**

지음

북랩

차 례

제1부
예수는 인류 최초의 부활 환생자이다

제1부

예수는 인류 최초의 부활 환생자이다

1.
낙원-부활 시스템은 태초에
신이 만들어놓은 인간의 영생 시스템이었다

먼저 이 글을 읽기 전에 독자들이 알아야 할 기본 개념에 대해서 먼저 이야기하겠습니다. 이 책에서는 천국(heavens)과 낙원(paradise)을 전혀 다른 개념으로 다루고 있습니다.

다들 천국과 낙원을 같은 의미로 알고 계실 건데요, 성경에서는 이 개념을 전혀 다르게 쓰고 있습니다. 천국은 하나님의 나라, 말 그대로 우리가 생각하는 그러한 개념으로 말하고 있고요, 낙원은 죽은 영혼들이 대기하는 곳의 의미로 쓰이고 있습니다. 즉, 낙원은 이 물질 세계와의 연결 고리로 만들어진 곳이고 천국은 이 세상과의 연결 고리가 없는 원래의 하나님의 나라를 말하는 것입니다.

천국이라는 말은 성경에서 많이 나오지만 낙원이라는 말은 몇 번 나오지 않는 것이 그 이유입니다. 그 이유는 낙원이라는 말이 아주 특수한 경우에만 쓰이는 단어였고 그래서 자주 쓰이지 않는 특이한 용어이기 때문입니다. 이 책을 읽어나가시다 보면 자연스럽게 알게 되실 겁니다.

하지만 아주 중요한 개념이므로 먼저 설명을 하고 넘어가는 것입니다. 책의 전반부에 나오는 낙원의 개념은 하나님이 인간의 영생을 위해서 만들어놓으신, 인간의 영혼이 머무는 곳으로 이해하시면 될 것 같습니다. 이 책의 중요한 주제인 부활 환생의 공간으로 쓰이는 영혼의 대기소라는 말입니다.

자, 이제 본격적으로 원래 인간의 영생 시스템이었던 낙원-부활 시스템에 대해서 이야기해보도록 하겠습니다. **낙원-부활 시스템은 예수가 인류 역사상 최초로 회복시킨 시스템입니다.** 하지만 그것은 이미 태초에 신이 인간에게 준 일종의 영생 시스템이었습니다. 약 20만 년 전으로 추정되는 시기에 호모사피엔스가 만들어지고 난 후에 인간에게 영혼을 부어준 신은 인간에게 최초의 영생 시스템을 주었는데 이것이 바로 낙원-부활 시스템이었던 것입니다.

이는 그 당시의 과학의 수준으로는 인간이 영생할 수 없는 시스템이었기 때문에 신이 인간에게 영을 주시면서 만들어준 일종의 영생 프로그램이었던 것입니다. 인간은 계속적인 영혼 탄생의 반복을 통해서 자기 자신의 동일성(identity)을 유지시킬 수 있었습니다.

그렇다면 인간은 어떠한 과정을 통해서 영혼을 얻게 되었을까요? 성경에는 신이 생영을 불어넣은 것으로 이야기하고 있습니다. 성경에서 가장 난해한 부분이기도 한 이 부분에 대한 해석은

인공지능과 요한계시록 그리고 부활 환생의 비밀

여러 가지입니다. 하지만 현대 철학과 과학적으로 접근을 해보자면 생영의 문제는 언어와 관계가 깊을 것으로 생각이 됩니다. 즉, 성경에서 말하는 생영이 바로 언어라는 것입니다.

언어 문제는 현대 인문학에서 가장 화두가 되고 있는 주제입니다. 언어는 현대 인문학에서 인간의 본성과 가장 관계가 있다고 보는 주제입니다. 프로이트 후의 가장 위대한 정신과 의사로 추앙받는 자크 라캉이나 현대 철학자 중 가장 유명한 질 들뢰즈 등에 의해서 더 확립되어가는 현대 언어학의 문제는 인간 영혼의 형성 과정과 그 작용을 잘 설명해주고 있습니다. 이 부분에 대해서는 뒷부분에서 좀 더 자세히 다루어보도록 하겠습니다.

여하튼 인류 역사 초기에 인간의 어떠한 실수로 인해 인간과 신의 관계에 문제가 생기게 되었고 처음에 완벽하게 만들어졌던 이 낙원-부활 시스템이 깨어져버린 것이죠. 즉, 유한한 인간의 삶을 영원한 삶으로 만들었던 영생 시스템이 사라지게 된 것입니다. 이것이 바로 성경에서 말하는 너희가 진정으로 죽으리라 하는 말의 의미였던 것입니다.

이는 간단하게 묘사가 되어 있지만 사실은 인류 역사상 아주 엄청난 결과를 초래하게 되었습니다. 우리가 다 알다시피 사실 인간세계의 모든 문제가 여기에서 시작된 것입니다. 인류의 역사를 조금이라도 살펴본다면 인간은 전쟁의 존재라고 불릴 정도로 참혹한 역사를 가지고 있습니다. 하지만 신이 말한 가장 참혹한 말은 너희가 영생을 잃고 정녕 죽으리라 하는 말이었습니다. 영원불멸의 존재였던 우리가 소멸되는 존재가 되어버렸다는 것입니다. 이 얼마나 무서운 말입니까? 인격적인 존재에게 제일 무서운 말은 '잊힌다'입니다. 사랑하는 존재에게 잊히는 존재가 된다는 것만큼 무서운 일은 없을 것입니다. 그런데 우리는 잊히는 존재일 뿐만 아니라 소멸되는 존재가 되어버린 것입니다. 정녕 죽게 된다는 말이 그래서 인격적인 존재인 인간에게 가장 무서운 형벌이라는 것입니다. 동물이나 바위처럼 영혼이 없는 존재에게는 이 말이 그리 무서운 말이 아닐 것입니다. 하지만 영혼(인격)을 가지고 있는 인간에게는 가장 무서운 말이라는 것입니다.

신과 연결되었던 인간은 어떠한 사건으로 인해 신과의 관계에 단절이 일어난다. 그리고 영생의 수단이었던 낙원-부활 시스템을 잃게 된다.

당시에는 인간이 영원히 살 수 있던 시대가 아니었습니다. 과학기술이 거의 전무한 시대였기 때문이죠. 그래서 이것을 보완하기 위해 신이 인간에게 주신 영생 시스템이 바로 낙원-부활 시스템이었던 것입니다. 즉, 인간에게 영혼을 심어준 하나님은 비록 육체적인 한계 때문에 영생할 수 없었던 인간들에게 육체는 죽으나 영혼을 다시 되살리는 방법으로 인간에게 영생의 삶을 주셨던 것입니다.

같은 육체를 가지고 있으나 영혼이 없는 존재인 일반 동물들에게는 허락되지 않은 인간만의 특권이었죠. 그 시스템이 바로 낙원-부활 시스템입니다. 즉, 인간들은 죽으면 하나님이 만들어놓으신 낙원에 들어갔다가 바로 부활하는 삶을 통해서 영원히 사는 특권을 가지게 된 것입니다. 하지만 인간 중에서 이러한 특권을 누린 사람은 아무도 없었습니다. 바로 아담과 이브의 죄 때문이었죠.

여기에서 낙원(paradise)과 천국(heaven)에 대한 개념을 좀 이야기하고 넘어가도록 하겠습니다. 성경에서 하늘나라라는 개념으로는 두 가지가 쓰이고 있습니다. 바로 낙원(paradise)과 천국(heaven)입니다. 그리고 성경에서는 분명히 천국과 낙원은 구별이 되어 쓰이고 있습니다.

원래 구약에서는 천국이라는 개념으로 '간에덴'이라는 개념을 쓰고 있습니다. 바로 에덴동산이라는 말입니다. 이를 현대적인 시각으로 번역을 하자면 하늘왕국이라는 개념으로 해석할 수가 있겠습니다. 이는 신약성경에 흔히 나오는 하나님의 나라라는 말과 같은 의미입니다. 그런데 구약에서는 낙원이라는 말이 거의 나오지 않습니다.

낙원이라는 말은 신약에서만 나옵니다. 낙원이라는 말은 헬라어로 'paradisos(영어로는 paradise)'입니다. paradisos라는 말은 그 자체의 의미상 하나님의 자녀들이 죽은 후 부활에 이를 때까지 머무는 곳이라는 말입니다. 낙원이라는 말 자체에 이런 의미가 있다는 것이죠. 주의할 점은 이 말이 천주교에서 말하는 연옥 개념과는 전혀 다르다는 것입니다. 연옥은 말 그대로 성경에 없는 용어일 뿐만 아니라 천주교에서 다소 불순한 의도로 만들어낸 개념이기 때문에 여기에서 논하는 것은 바람직하지 않을 것 같습니다.

성경에서 천국이라는 말은 많이 쓰이고 있는데 비해 낙원이라는 말은 딱 세 번 나옵니다. 낙원에 대해서 제일 먼저 말씀하신 분이 바로 예수님이십니다(누가복음 23장 39절). 그다음으로는 바울 사도(고린도후서 12장 4절)이고요, 마지막으로는 요한계시록에 나옵니다(요한계시록 2장 7절).

제일 먼저 낙원에 대해서 이야기하신 예수는 십자가에서 돌아가시던 날 옆에 있던 강도에게 오늘 네가 나와 함께 낙원에 있으리라고 말씀하셨습니다. 여기에서 보면 예수께서 돌아가신 날의 행적을 볼 수 있습니다. 예수께서는 돌아가신 그날 낙원으로 가셨습니다. 그리고 인간의 범죄 이후로 수십만 년간 굳게 닫혀 있던 낙원의 문을 여시고 낙원에 갇혀 있던 모든 인간들의 영혼을 다 깨우신 것입니다. 즉, 예수님은 십자가에서 돌아가신 날 산 자와 죽은 자들 모두를 구원하신 것입니다.

성경에서 낙원이라는 말을 제일 먼저 말씀하신 분이 바로 예수이시다. 평소에 계속 하늘나라, 즉 천국(heaven)에 대해서만 말하시던 예수께서 유독 십자가에서 죽는 날에만 낙원(paradise)에 대해서 말하신 것은 매우 특이해 보인다.

    마태복음, 마가복음, 누가복음, 요한복음 등 신약성경에서 예수의 일생에 대해서 기술해놓은 **4대 복음서를 읽어보면 예수께서는 수도 없이 하늘나라, 즉 천국(heaven)에 대해서 말씀하시는 것을 볼 수 있습니다. 하지만 낙원(paradise)에 대해서는 딱 한 번 본인이 십자가에 못이 박혀 돌아가신 날 말씀하십니다. 그것은 그날 본인이 죽는 당일에 낙원에 들어가셨기 때문입니다. 그리고 낙원의 빗장을 여신 것입니다. 즉, 낙원-부활 시스템을 다시 여신 것이라는 말입니다.**

    그리고 성경을 읽어보면 이를 뒷받침하는 기막힌 구절들이 나옵니다. 마태복음 27장 50~53절을 보면 예수께서 다시 크게 소리 지르시고 영혼이 떠나시니라 이에 성소 휘장이 위로부터 아래까지 찢어져 둘이 되고 땅이 진동하며 바위가 터지고 무덤들이 열리며 자던 성도의 몸이 많이 일어나되 예수의 부활 후에 그들이 무덤에서 나와서 거룩한 성에 들어가 많은 사람에게 보이니라라는 직접적인 이야기가 나옵니다.

이 구절에서는 예수가 돌아가실 때 무덤들이 열리며 많은 잠자던 성도들의 몸이 일어났다고 말합니다. 또한 심지어 이들이 예수의 부활 이후에 무덤에서 나와서 거룩한 성에 들어가서 많은 사람들에게 보였다고까지 이야기하고 있습니다.

여러 가지 정황상 볼 때 여기서 말하는 무덤들이 열리고 죽은 자들이 몸이 많이 일어났다는 것은 실제로 육체가 부활했다는 말이 아니라 영혼이 부활했다는 말입니다. 또한 여기서 말하는 거룩한 성의 의미는 이 세상의 성을 이야기하는 것이 아닙니다. 이는 영적인 성을 말하는 것입니다. 그래서 거룩한 성이라는 표현을 하고 있습니다. 거룩한 성의 의미는 바로 낙원에 있는 영적인 성을 말하는 것입니다. 즉, 이 세상에서가 아니라 바로 낙원에서 부활이 일어났다는 의미입니다. 이것보다 더 낙원에 대한 정확하고도 직접적인 표현이 있을까요?

마태복음 27장 50절에 나오는 예수께서 십자가에서 돌아가신 순간에 잠자던 자들의 부활이 일어났다는 것은 영적으로 해석해야 한다. 즉, 영적 공간인 낙원 안에서 잠자던 자들의 영혼의 부활이 일어났다는 것이다. 이것은 여기서 나오는 거룩한 성이라는 것의 의미를 생각해보면 알 수 있다. 거룩한 성이라는 것이 우리가 사는 세상의 성이 아니라 낙원에 있는 하나님의 거룩한 시스템을 가리키는 것이기 때문이다.

  그리고 두 번째로 낙원에 대해서 이야기한 사람은 바울 사도입니다. 그는 고린도후서 12장 1~4절에서 내가 그리스도 안에 있는 한 사람을 아노니 그는 십사 년 전에 셋째 하늘에 이끌려 간 자라(그가 몸 안에 있었는지 몸 밖에 있었는지 나는 모르거니와 하나님은 아시느니라) 내가 이런 사람을 아노니(그가 몸 안에 있었는지 몸 밖에 있었는지 나는 모르거니와 하나님은 아시느니라) 그가 **낙원**으로 이끌려 가서 말로 표현할 수 없는 말을 들었으니 사람이 가히 이르지 못할 말이로다라고 이야기하고 있습니다.

  이것이 바로 그 유명한 셋째 하늘 이야기, 즉 삼층전 이야기입니다. 바울은 여기에서 도대체 무엇을 본 것일까요? 그는 이루

말할 수 없는 것을 보고 들었다고 했습니다. 그리고 그것에 대해서 말을 할 수가 없어서 마음의 병이 생기게 되었다고 이야기하고 있습니다.

이 삼층천 이야기가 바로 낙원에 관한 이야기입니다. 실제로 4절에 보면 성경상에도 낙원에 관한 이야기라고 쓰여 있지요? 조금 더 보겠습니다. 고린도후서 12장 7~9절, 여러 계시를 받은 것이 지극히 크므로 너무 자만하지 않게 하시려고 내 육체에 가시 곧 사탄의 사자를 주셨으니 이는 나를 쳐서 너무 자만하지 않게 하려 하심이라 이것이 내게서 떠나가게 하기 위하여 내가 세 번 주께 간구하였더니 나에게 이르시기를 내 은혜가 네게 족하도다 이는 내 능력이 약한 데서 온전하여 짐이라 하신지라 그러므로 도리어 크게 기뻐함으로 나의 여러 약한 것들에 대하여 자랑하리니 이는 그리스도의 능력이 내게 머물게 하려 함이라라고 이야기하고 있습니다.

바울 사도가 본 것은 도저히 그 당시의 분위기로는 이야기할 수 없는 내용이었습니다. 왜냐하면 바울이 본 것은 초기 기독교 형성 과정에 있던 그 당시에는 말할 수 없었던 내용이었기 때문이었습니다.

또 한 가지의 가능성은 바울 사도 자신이 그 계시의 진정한 의미를 깨닫지 못했을 가능성도 있습니다. 하나님의 계시는 시공을 초월하여 보여주는 것이기 때문입니다.

인공지능과 요한계시록 그리고 부활 환생의 비밀

바울 사도가 본 3층천은 낙원-부활 시스템이었다. 그래서 그는 말할 수 없는 것을 보았다고 이야기하고 있다. 심지어 그는 그것을 주위 사람들에게 말할 수가 없어서 마음의 병(육체의 가시)까지 얻게 되었다고 말하고 있다. 과연 그것은 정확히 무엇일까?

　여기에서 바울 사도가 본 것이 바로 낙원-부활 시스템이었습니다. 즉, 예수님이 회복시킨 낙원-부활 시스템이었던 것입니다. 하지만 바울은 그것을 차마 이야기할 수 없는 것이라고 말하고 있습니다. 당연히 그도 그럴 것이 당시의 기독교 상황으로서는 도저히 말을 할 수 없었던 내용이었기 때문입니다. 즉, 자칫 잘못하다가는 기독교 자체가 혼합 종교가 될 수 있는 상황이었기 때문입니다.

　특히 바울같이 종교지도자급에 있던 사람으로서는 더더구나 말을 할 수 없었던 내용이었습니다. 사실 이러한 내용을 다른 많은 종교에서도 이미 이야기를 하고 있는 상태였으므로 이 부분은 상당히 민감한 부분이기도 했습니다. 사실 그 당시에 기독교는 신생 종교였고, 더구나 영지주의 등등 기독교 초기부터 수많은 종교 교리 논쟁이 있던 시기였던 터라 이러한 이야기를 하기가 쉽지 않았을 것입니다. 그래서 바울 사도는 속병이 들 정도였다고 말을 하고 있습니다. 즉, 그 고민이 육체의 가시가 될 정도로 고민한 끝에 그 말을 하지 않기로 작정을 한 것입니다. 이 부분에 대해서는 뒷부분에서 종합적으로 더 자세히 설명드리도록 하겠습니다.

바울 사도는 3층천 낙원을 본 후에 깊은 고민에 빠지게 되었다. 시기적으로 도저히 말할 수 없는 내용이기 때문이었다. 당시 기독교는 이제 막 생기기 시작한 신흥 종교였다. 벌써 영지주의 등의 수많은 이단이 설치기 시작한 시점에 이러한 낙원-부활 시스템까지 이야기할 수는 없었던 것이다.

마지막 세 번째 낙원 이야기는 요한계시록에 나옵니다. 요한계시록 2장 7절, 귀 있는 자는 성령이 교회들에게 하시는 말씀을 들을지어다

인공지능과 요한계시록 그리고 부활 환생의 비밀

이기는 그에게는 내가 하나님의 **낙원**에 있는 생명나무의 열매를 주어 먹게 하리라에서는 낙원의 성격과 운영 방식을 볼 수 있습니다. 낙원에는 생명나무가 있습니다. **자, 여기서 태초에 있었던 비밀 코드가 나옵니다. 낙원-부활 시스템에서 핵심적인 역할을 한 것이 바로 생명나무였던 것입니다. 바로 이 생명나무가 영생의 비밀이었던 것이죠. 즉, 아담과 이브가 원래 살았던 에덴동산에서 영생할 수 있었던 비밀이 바로 이 생명나무였던 것입니다.** 생명나무 자체가 인간의 수명을 연장시켜주는 상징의 의미로 쓰였기 때문입니다. 또한 선악과와 생명나무의 의미는 순종의 여부를 판가름하는 상징의 의미로도 해석할 수 있을 것입니다.

시간을 공급해 주는 나무   신의 시간을 지키는 나무

(생명나무)   (선악과)

우리가 태초에 있었던 낙원에도 영생의 나무인 생명나무가 있었다. 낙원-부활 시스템의 비밀이 바로 생명나무에 있었던 것이다. 요한계시록 2장 7절에 성경에서 마지막으로 언급된 '낙원'이라는 말의 의미가 더욱 새롭게 다가오는 것 같다.

예수님께서는 십자가에서 돌아가심으로 우리의 죄를 사하신 후 바로 낙원에 가서 생명나무를 되살리신 것입니다. 그리고 3일 만에 부활하셨습니다. 그리고 부활의 첫 열매가 되신 것입니다. 고린도전서 15장 20~22절, 그러나 이제 그리스도께서 죽은 자 가운데서 다시 살아나사 잠자는 자들의 첫 열매가 되셨도다 사망이 한 사람으로 말미암았으니 죽은 자의 부활도 한 사람으로 말미암는도다 아담 안에서 모든 사람이 죽은 것 같이 그리스도 안에서 모든 사람이 삶을 얻으리라에 보면 이러한 사실이 더 명확히 드러납니다. 예수께서는 잠자는 자들의 첫 열매가 되신 것입니다. 잠자는 자들의 첫 열매가 되었다는 것은 바로 이러한 심오한 의미가 있는 것입니다. 예수의 부활 이후에 그전에 잠자고 있던 인간의 영혼들이 이 세상에 돌아오기 시작했습니다. 그리고 그 과정이 이제 그 막바지에 이르고 있는 것입니다.

2.
예수는 인류 최초의 부활 환생자이며
부활 환생은 오직 신적 영역에서만 가능하다

이쯤에서 이 내용을 정립하고서 가고자 합니다. **이 말을 하면
모든 사람들이 어디서 많이 들은 말로 착각할 것입니다. 이 말은 얼
핏 들으면 힌두교나 불교에서 말하는 윤회의 개념을 연상시킵니다.
하지만 이는 힌두교와 불교에서 말하는 윤회의 개념이 아닙니다. 전
혀 다른 것이라고 보셔야 합니다.**

사실 역사적으로 따지고 보자면 이러한 사상은 힌두교나 불교
에 국한된 개념이 아니었죠. 이는 인류 역사의 시작과 동시에 시
작되었다고 보는 것이 더 올바른 생각입니다. 힌두교 이전 인류
최초의 종교라고 할 수 있는 수메르의 농경신부터 인도의 바라문
교, 그리고 이집트의 태양신 종교에 이르기까지 모든 고대 종교
에서 나타나는 공통적인 사상이었습니다.

조금 더 정확히 말한다면 인류 역사에서 장례 문화의 출현 자체가 인간의 환생을 믿는 것 때문에 나타났다고 보아도 무방합니다. 즉, 인간은 자신의 부모나 친지들이 죽을 때 이들이 다시 환생하리라는 생각을 가지고 장례를 치르는 것이었기 때문입니다. 그러한 사상이 가장 고조된 것이 고대 왕족의 장례 문화였습니다.

인간의 장례 문화 시작 자체가 인간들의 부활 환생을 염원하는 마음에서 시작된 것이다. 인간의 부활 환생에 대한 생각은 인간의 역사가 시작될 때부터 시작된 것이다. 단순히 힌두교나 불교에만 해당하는 이야기가 아니라는 말이다. 힌두교나 불교는 단지 그 사상을 체계화시킨 것일 뿐이다.

　심지어 순장이라는 장례 문화는 이를 극단적으로 표현한 문화였죠. 살아 있는 왕의 신하나 왕비들을 같이 묻는다는 것은 그들이 다시 태어날 때도 같은 관계로 지내라는 의도로 시행한 문화였기 때문입니다.

인공지능과 요한게시록 그리고 부활 환생의 비밀

힌두교와 불교에서는 이 내용을 단지 재정립한 것일 뿐입니다. 하지만 고대인들이 이렇게 한 이유는 단지 그들의 희망 사항이었을 뿐입니다. 이러한 오래된 인간들의 희망 사항이 종교화되어 힌두교와 불교에 남아 있는 것입니다.

하지만 지금 제가 이야기하고 있는 것은 부활 환생 시스템이 원래 신이 인간에게 영혼을 부여할 때 만들어준 기계적인 영생 시스템이 었다는 것을 이야기하고 있습니다. 이는 기존의 기독교인들이 들으면 상당히 거부감이 느껴질 수도 있는 이야기일 수 있습니다. 그러나 위 내용을 보면 이는 성경에 명백히 나와 있는 내용으로, 이렇게 해석하지 않으면 기독교의 고질적인 교리의 문제 즉 예수 이전의 사람들의 구원의 문제, 타 종교인들의 구원의 문제, 인류 역사의 방향성과 역사 종말의 문제 등등 끝없는 순환 논리에 빠지게 되는 등의 문제를 떨쳐낼 수가 없는 것입니다.

보통 사람들이 기독교를 처음 믿을 때 흔히 하는 질문 중의 하나가 '그럼 예수를 몰랐던 우리의 조상들의 구원 문제는 어떻게 되냐' 하는 것입니다. 즉, 조선시대나 고려시대 때 살았던 우리 조상들의 구원 문제는 어떻게 되냐는 것이죠. 현재 기독교의 답은, 그들은 예수를 알지 못했으므로 구원받지 못한다 하는 것입니다.

기독교를 처음 접하는 사람들이 하는 질문 중의 하나가 조선시대에 살던 우리 조상들의 구원 문제이다. 현재 기독교의 답은 우리의 조상들은 예수에 대해서 몰랐기 때문에 모두 구원을 받지 못한다, 즉 모두 지옥에 간다는 것이다. 이게 말이 되는 이야기인가? 이는 신의 공평성의 문제에 심각한 문제를 제기하게 만든다.

그리고 또 하나의 대표적인 질문이 있는데, 태어나자마자 병으로 죽은 영아의 문제입니다. 이것에 대한 기독교의 답은 마찬가지로 그들은 예수를 믿지 않고 죽었으므로 구원받지 못한다. 즉 지옥으로 간다는 것입니다. 아마도 많은 분들이 이러한 답을 들을 때 아주 답답함을 느끼실 것입니다. 지금 현재도 이러한 질문을 하고 있으면 마음의 답답함을 느끼는 것이 사실입니다.

대체 이러한 비상식적인 교리가 어디에 있습니까? 사실 말이 안 되는 것이죠. 이때 기독교에서 하는 가장 궁색한 답변이 바로 하나님의 섭리라는 것입니다. 그러한 문제는 하나님의 섭리에 속

인공지능과 요한계시록 그리고 부활 환생의 비밀

하는 문제이기 때문에 우리가 관여할 바가 아니라는 것입니다.

이러한 답들의 가장 큰 문제는 바로 신의 공평성에 문제를 제기하게 한다는 것입니다. 요즘 시대에 가장 큰 화두가 되고 있는 공정성과 정의의 문제에 치명적인 약점을 노출하게 한다는 것이죠. 더구나 이는 가장 공정해야 할 신에 관한 문제입니다. 그리고 이 문제는 지난 2,000년 기독교 역사상 그 누구도 속 시원하게 이에 대한 답을 할 수 없을 정도로 고질적인 문제였고, 그러한 이유 때문에 기독교가 대중으로부터 점점 외면받고 멀어지는 원인이 되어왔습니다.

예수의 부활 환생은 위에서 제기한 문제에 명확한 답을 줍니다. 즉, 예수의 부활 환생 이후로 예수의 길을 따라서 그전에 무덤에서 잠자던 자들의 영혼이 깨어나게 되었다는 것입니다. 그리고 인류 역사상 최초로 그들의 영혼은 부활 환생하게 되어 다시 구원의 기회를 갖게 되었다는 것입니다. 그리고 그 부활 환생이 한 번이 될지 두 번이 될지 모르지만 모든 사람들에게 공평한 구원의 기회를 주는 신의 섭리에 따라서 이루어지게 되었습니다.

예수의 부활 환생은 단순히 그의 부활 환생에 끝나지 않았다. 예수는 부활 환생의 첫 열매였다. 그리고 예수의 부활 환생 이후에 그전에 무덤에서 잠자던 영혼들의 부활 환생이 연쇄적으로 이루어지게 되었다. 부활 환생은 예수 이전에 태어났던 사람들을 이 세상에 다시 태어나게 함으로써 구원의 기회를 다시 주기 위한 도구로 쓰이고 있다.

　기독교 교리에 의하자면 그 어떤 누구도 예수의 이름에 의지하지 않고서는 구원에 이를 수 없다는 것이 가장 기본적인 교리입니다. 그렇다면 구약시대의 인물인 모세나 다윗 등은 어떨까요? 그들은 구원을 받은 것일까요? 하지만 정확히 말하자면 현재 기독교의 교리로는 이들은 구원받지 못합니다. 왜냐고요? 그 이유는 조선시대에 살았던 우리 조상들의 논리와 같은 논리입니다. 즉, 제아무리 구약의 위대한 성인일지라도 예수를 직접 영접하지 않았기 때문에 구원을 받을 수 없다고 이야기하는 것이 맞습니다.

기독교 교리적으로 보아도 구약의 위대한 인물들도 다시 태어나야 합니다. 다시 말하면 이미 기독교 교리 자체가 인간의 부활 환생을 전제하고 있는 것입니다. 이는 유대인에게만 해당하는 것이 아닙니다. 모든 나라, 모든 시대의 사람들에게 해당되는 말입니다.

하지만 앞으로도 계속 이야기하겠지만, 인류의 역사를 기독교적인 시각으로 맞춰주는 퍼즐의 조각들이 지금 현재 하나하나 맞추어지고 있습니다.

3.
예수로부터 시작된 그 부활 환생의 끝점,
즉 역사의 끝이 다가오고 있다

 예수가 이 땅에 오신 가장 큰 목적이 여기에 있었던 것입니다. 예수가 이 세상에 오셔서 하신 일 중에 가장 큰 일이 바로 대속 사역과 부활 환생 사역입니다. 두 가지의 사건이야말로 인간의 역사를 완전히 바꾸어버리는 사건이었죠. 대속 사역이 인간의 원죄를 없애는 사건이었다면, 부활 환생 사역은 인간의 역사를 원래의 역사로 되돌리는 사건이었다고 보면 됩니다.

 하지만 이러한 일은 아무나 할 수 있는 일이 아닙니다. 이 일은 오직 이 시스템의 창조자인 신만이 할 수 있는 일이기 때문입니다. 그러므로 다른 종교에서는 이를 행할 자격과 능력이 없었습니다. 왜냐하면 그들은 신이 아니기 때문입니다. 여기서 말하는 신은 이러한 부활 환생 시스템을 만들고 운영하는 신을 말하는 겁니다.

다시 말하지만 인간의 어떠한 노력으로도 이에 이를 수는 없기 때문입니다. 부활 환생 시스템은 신이 만들어놓은 시스템이기 때문에 신만이 문을 열 수가 있는 것입니다. 성경에서 예수 자신을 하나님 나라의 열쇠로 묘사한 구절이 수도 없이 나오는 것이 바로 그 이유입니다.

예수께서는 자기 자신을 하나님 왕국에 이르는 열쇠를 가진 존재로 묘사한다. 이 열쇠의 개념은 구원의 열쇠를 의미하기도 하지만 부활 환생을 통해 낙원의 문을 여는 열쇠를 의미하기도 한다.

예수 이전에 태어났던 사람들이 모두 부활 환생과 구원의 기회를 가진 이후에 신이 정한 그 시기에 인간의 역사는 끝나게 될 것입니다. 인류의 역사는 곧 구원의 역사와 관련이 있기 때문입니다.

역사의 끝은 어떤 식으로 올까요? 그 문제는 이 책의 주제이기도 한데 나중에 더 자세히 이야기하도록 하겠지만 일단 간단히 정리해보겠습니다. 인간의 원래 삶은 완벽한 삶이었습니다. 원래 인간은 영원히 사는 존재였기 때문입니다. 영원히 산다는 것은 완벽한 존재로 태어났다는 것입니다.

그리고 그 삶은 자신의 영혼과 육체를 일치시키는 삶이 목표였습니다. 우리는 이것을 흔히 문화사명이라고 부릅니다. 문화사명의 핵심은 인간의 모든 문화를 포함하지만 그중 핵심은 과학기술의 발전을 통해서 육체적인 영생을 이루고 더 나아가 온 우주를 대상으로 생육하고 번성하여 신의 사명을 이루어나가는 것이었습니다.

하지만 인간의 이러한 사명은 인간과 신의 문제로 인하여 인간의 낙원-부활 시스템이 무너지면서 완전히 파괴가 되었습니다. 첫째로 인간의 구원 문제가 생기게 되었고 그로 인해서 정녕 죽게 되는 영혼의 죽음을 맞게 되었습니다. 즉, 낙원-부활 시스템이 무너지게 되었던 것입니다.

인간의 영생 시스템이 깨지면서 인간은 완전한 존재에서 불완전한 존재로 전락하게 되었고 인간의 역사는 거의 전쟁의 역사로 불러도 좋을 정도로 비극의 역사가 되어버렸습니다. 인간이 살아온 역사를 보자면 우리가 사는 이 세상이 생지옥의 삶이라고 불러도 좋을 정도로 비참한 역사를 가지고 있습니다.

인공지능과 요한계시록 그리고 부활 환생의 비밀

탕자의 비유는 이러한 인간의 역사에 대해서 비유하는 좋은 비유이다. 인간의 역사는 궤도를 벗어났었지만 예수의 구속 사역과 부활 환생 사역으로 인해 신이 원래 의도했던 원궤도로 돌아가게 된 것이다.

　하지만 인간의 역사는 예수의 구속 사역과 부활 환생 사역으로 인해 원래의 궤도로 돌아가게 되었습니다. 마치 성경에 나오는 탕자의 비유처럼 집을 떠났던 탕자가 다시 집에 돌아오듯이 인간이 다시 신의 역사로 복귀하게 되었다는 것입니다.

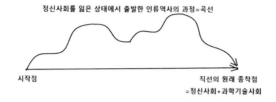

정신사회를 잃은 상태에서 출발한 인류역사의 과정=곡선

시작점   직선의 원래 종착점
                                         =정신사회＋과학기술사회

인간 역사의 궤적을 보자면 위 그림의 직선 라인이 원래 신이 계획한 인간 역사의 궤적이라면 위에 구불구불한 라인이 인간이 신과 관계없이 그려온 역사의 궤적, 즉 비극의 역사를 가르킨다. 예수의 구속 사역과 부활 환생 사역으로 인해 낙원-부활 시스템이 회복되었으며 마침내 인간의 역사가 신이 원래 계획했던 방향으로 나아가고 있다.

  이 문제는 굉장히 중요한 문제입니다. 위에서 말했다시피 공평성의 문제를 담당하는 것이기 때문입니다. 공평성의 문제는 인간 사회에서 가장 중요한 관심사 중의 하나입니다. 우리가 신에 대해서, 특히 기독교에 대해서 문제를 제기하는 것이 바로 이 공평성의 문제입니다. 특히 요새 우리 사회의 가장 큰 화두 중의 하나가 '정의' 문제라든가 '공평'의 문제라는 것에는 누구나가 다 공감할 것입니다.

  그만큼 공정성의 문제는 아주 중요한 문제입니다. **우리가 신에 대해서도 가장 먼저 생각하는 것이 바로 사필귀정의 주체로서 생각하는 면이 가장 큽니다. 신은 반드시 공정한 존재라는 사상입니다. 하지만 기독교의 교리는 지금까지 그러지를 못했습니다. 이는 기존 기독교의 치명적인 약점입니다.**

  선민사상이라는 유대교에서 시작된 사상은 가톨릭과 기독교,

그리고 이슬람교에 이르기까지 결정적인 영향을 주었습니다. 즉, 다시 말하면 위의 종교들이 각각 주장하는 바는 다르지만 선민사상이라는 점에 있어서는 거의 같은 맥락을 이루고 있다는 것입니다. 사실 기독교나 천주교, 이슬람교는 유대교를 개선시키면서 나온 일종의 서로 다른 종파라고 볼 수가 있습니다. 즉, 본질이 같은 곳에서 시작했으니 각각 전혀 다른 종교라기보다는 다른 종파라고 보는 것이 더 정확할 것입니다.

각각 종교들의 긍정적인 면에도 불구하고 이러한 바닥에 흐르는 선민사상은 인류 역사상 엄청난 폐해를 불러온 것도 사실입니다. 수많은 종교전쟁을 일으켰으며 지금 현재도 갈등과 대립을 하고 있습니다. 인류 역사에 평화와 화해를 가져와야 할 종교들이 오히려 그 반대로 갈등과 전쟁을 일으키고 있는 셈입니다. 그로 인해 많은 사람들로 하여금 종교에 대한 회의를 품게 만들고 있습니다.

유대교에 뿌리를 둔 세 가지 종교, 즉 기독교, 가톨릭, 이슬람교의 문제점은 바로 선민사상이다. 하지만 선민사상은 어떠한 역사적 필요성에 의해서 일시적으로 신이 갖다가 쓴 것이지 영원한 것이 아니다. 이로 인한 폐해가 수많은 종교전쟁이었고, 그 전쟁은 현대에 이르러서도 지속되고 있다.

유대교에 뿌리를 둔 세 종파의 종교는 세계의 다른 종교와는 달리 유독 다른 종교에 대한 배척이 심한 것이 사실입니다. 이는 이 세 종교의 뿌리가 위와 같은 선민사상에 뿌리를 두고 있기 때문입니다. 하지만 이 선민사상은 아주 잘못된 교리입니다. 신은 어떠한 필요 때문에 특정한 민족을 선택을 한 것이지, 그 민족 자체가 소중해서 그리하신 것이 아닙니다.

여기서 우리는 유대교 계통 종교들의 근본적인 문제와 한계점을 보게 됩니다. 그리스도의 의미를 잘못 해석한 부분이 있다는 것입니다. 즉, 그리스도의 구속 사역만을 너무 강조한 나머지 선민사상의 독단론으로 흐르게 되어 다른 종교를 배척할 뿐만 아니라 자기들끼리(?)는 더욱더 원수처럼 싸우고 으르렁대는 상황까지 이르게 되어 수천 년 동안 수많은 종교전쟁을 치렀고 심지어 현대에 이르러서도 그 싸움을 멈추지 않고 있는 것입니다.

유대교에 뿌리를 준 3가지 종교, 즉 기독교, 가톨릭, 이슬람교 등은 유독 다른 종교에 대해서 배척이 심하다. 그 이유가 기본적으로 예수의 사역을 구속 사역에만 국한을 시켜서이다. 예수의 부활 환생 사역까지 확장시켜서 본다면 종교의 역사성이 확장되게 되어 타 종교에 대한 배척심이 아예 없어지게 될 것이다.

인공지능과 요한계시록 그리고 부활 환생의 비밀

예수 사역의 3위일체가 있습니다. 첫 번째로는 구속 사역, 두 번째로는 부활 환생 사역, 세 번째로는 위 두 가지 사역으로 인한 역사 사역 등이 그것입니다. 세 번째 사역인 역사 사역은 인간의 역사를 원래의 역사로 되돌리는 것입니다.

인간의 본래 역사는 영생을 통해 우주에 생육하고 번성하면서 우주를 다스리는 것입니다. 이제 곧 육체적인 영생의 시대가 다가오고 있습니다. 나중에 요한계시록 부분에서 자세히 다루겠지만, 우리가 영생을 누리면서 신의 전 우주적인 뜻을 실천해야 하는 시기가 다가오고 있다는 것입니다.

4.
사무엘상 28장,
죽은 사무엘이 현생으로 불러진 이야기

    성경에서 가장 이상한 부분 중 하나인 사무엘상 28장은 죽은 사무엘이 영매에 의해서 불러져서 그의 영혼이 우리가 사는 현생으로 다시 나오게 된 일에 대해서 이야기해주고 있습니다.

    사무엘상 28장 11절부터 15절까지 보면 여인이 이르되 내가 누구를 네게로 불러 올리랴 하니 사울이 이르되 사무엘을 불러 올리라 하는지라. 여인이 사무엘을 보고 큰 소리로 외치며 사울에게 말하여 이르되 당신이 어찌하여 나를 속이셨나이까 당신이 사울이시니이다. 왕이 그에게 이르되 두려워하지 말라 네가 무엇을 보았느냐 하니 여인이 사울에게 이르되 내가 영이 땅에서 올라오는 것을 보았나이다 하는지라. 사울이 그에게 이르되 그의 모양이 어떠하냐 하니 그가 이르되 한 노인이 올라오는데 그가 겉옷을 입었나이다 하더라 사울이 그가 사무엘인 줄 알고 그의 얼굴을 땅에 대고 절하니

라. 사무엘이 사울에게 이르되 네가 어찌하여 나를 불러 올려서 나를 성가시게 하느냐 하니 사울이 대답하되 나는 심히 다급하니이다 블레셋 사람들은 나를 향하여 군대를 일으켰고 하나님은 나를 떠나서 다시는 선지자로도, 꿈으로도 내게 대답하지 아니하시기로 내가 행할 일을 알아보려고 당신을 불러 올렸나이다 하더라.

사무엘상 28장에 나오는 영매와 영매가 죽은 자 가운데서 사무엘을 불러낸 이야기는 성경 전체적으로 볼 때 굉장히 이질적인 이야기로 들린다. 그럼에도 불구하고 우리가 여기에 집중해야 하는 이유는 이것이 바로 낙원-부활 시스템에 대해서 아주 중요한 단서를 제공해주고 있기 때문이다.

위의 사무엘상 28장에 나오는 '신접한 여인이 죽은 사무엘을 불러낸 이야기'는 성경 해석 중에서도 제일 난해한 해석으로 알려져 있습니다. 죽은 사람이 다시 살아난 이야기가 아니라 죽은 사람의 영혼만을 불러낸 상태이긴 하지만 그럼에도 불구하고 이 부분이 논란이 되는 것은 과연 죽은 영혼이 우리와 직접적으로 소통할 수 있는가 하는 문제를 불러일으키기 때문입니다.

여기에서 논쟁이 되는 것은 인간이 죽으면 그의 영혼은 어디로 가는가 하는 것입니다. 가톨릭에서는 천국과 지옥 사이에 그 중간에 위치한 연옥(purgatory)이 있다고 주장을 합니다. 하지만 개신교는 이것을 거부합니다. 물론 신학적인 차이도 있겠지만 그 이면에는 중세시대 때 연옥으로 인해 벌어진 면죄부 사건에 대한 반감이 더 컸던 것으로 생각해볼 수도 있습니다.

개신교에서는 연옥을 부정하기는 하지만 성경에는 연옥과 비슷한 개념이 있다고 앞에서도 말한 바 있습니다. 바로 그것이 낙원이라는 단어인데요, 영어로는 paradise라고 합니다. 이에 반해 천국이라는 용어는 영어로 heaven이라는 단어로 분명히 구분해서 사용하고 있다고 했습니다. 앞에서 수차례 이야기했듯이 천국은 하나님의 나라를 의미합니다. **하지만 낙원의 의미는 약간 애매모호합니다. 하지만 전반적인 의견으로는 최후의 부활의 순간까지 인간의 영혼이 잠들어 있는 곳이란 것으로 해석을 하는 것이 일반적입니다.**

사무엘상 28장에서 영매가 사울의 요청으로 사무엘의 영혼을 불러내는 장면은 이 낙원의 개념과 관련이 있습니다. 즉, 사무엘은 바로 이 낙원에 있다가 온 것입니다. 다시 한번 말하지만 요한계시록에 나오는 최후의 심판 전에는 모든 인간의 영혼은 낙원에 거하고 있기 때문입니다.

인공지능과 요한계시록 그리고 부활 환생의 비밀

성경에서 가장 이상한 부분이기도 한 사무엘상 28장에서는 사울 왕이 신접한 여인을 통해서 죽은 사무엘을 불러내어서 대화를 나누는 부분이 나온다. 죽은 사무엘은 대체 어디에서 있다가 이 세상으로 불러졌을까? 천국(heavens)에 있다가 온 것일까? 낙원(paradise)에 있다가 온 것일까?

여기서 우리는 다소 기독교적이지 않은 몇 가지 단어를 접하게 됩니다. 신접한 여인이라는 영매를 뜻하는 단어와 신접한 술법이라는 단어, 그리고 죽은 영혼을 불러온다는 등등의 용어, 영매를 통해서 낙원에서 잠들어 있는 사무엘의 영혼을 불러내었다는 것 등입니다. 여기에서 알 수 있는 몇 가지는 그 당시에 이러한 일이 흔히 행해지고 있던 일처럼 보인다는 것이죠.

그 당시 이스라엘의 왕이었던 사울은 이러한 민간의 관행을 이미 알고 있었고 그것을 왕의 신분을 감추고 행하려고 했었습니다. 그리고 신기하게도 영매를 통해서 죽은 사람의 영혼, 그것도 위대한 선지자이자 사사였던 사무엘을 불러내는 일을 실제로 성공시켰습니다.

모든 인간들은 요한계시록에서 말하는 최후의 심판이 일어나기 전에는 낙원 안에서 부활의 때를 기다리고 있다. 위대한 선지자였던 사무엘도 예외는 아니었던 것이다. 낙원에 있던 사무엘은 영매의 부름으로 이 세상으로 다시 나온 것이었다. 이 부분이 중요한 이유는 예수 이전의 사람들이 모두 낙원에 거하고 있었다는 것이다. 천국이나 지옥에 있는 것이 아니었다.

사람의 영혼은 죽음 이후에 어떻게 되는 것일까요? 물론 우리의 영혼은 최후의 심판 이후에 천국이나 지옥으로 가는 것은 확실합니다. 하지만 문제는 아직 최후의 심판이 안 왔다는 것입니다. 성경의 전체 구조를 보면 최후의 심판은 그야말로 요한계시록에 나오는 최후의 심판 때에 일어나게 됩니다.

그렇다면 문제는 최후의 심판에 이르기까지 이미 죽은 인간의 영혼은 어디에 가 있냐는 것입니다. 이러한 이유로 인해 가톨릭의 연옥이라는 개념도 탄생하게 된 것입니다. 하지만 가톨릭에서의 연옥은 일시적인 개념입니다. 즉, 영혼 대기소의 개념이기는 하지만 천국과 지옥에 가기 전에 비교적 선하게 살았지만 예수를 모르는 사람들이나, 태어나자마자 죽은 아기들의 영혼 등등 정확히 천국에 갈 사람과 지옥에 갈 사람으로 구별하기 애매한 영혼들이 일정한 교화 시간을 거친 후 천국이나 지옥으로 가는 일시적인 대기소 같은 곳이었습니다. 그러므로 요한계시록의 최후의 심판까지 기다리는 곳은 아니었습니다.

여러 가지 정황으로 볼 때 인간의 영혼이 최후의 심판 전에 어딘가에 머물러 있는 것은 분명해 보입니다. 특히 임사체험자들의 경험까지 더해서 본다면 그곳은 천국이 아닌 것은 분명해 보입니다. 일종의 대기소의 개념이라고 할까요?

성경에서 이러한 부분을 제일 명확하게 해주는 부분이 사무엘상 28장과 마가복음 9장의 변화산 사건입니다. 여기에서 나타난 인물들은 사무엘, 모세, 엘리야 등입니다. 이들의 공통점은 이미 죽은 사람들이 다시 우리가 사는 세상과 시간에 다시 나타났다는 것입니다. 심지어 여기 사무엘상 28장에서는 죽은 사무엘의 영혼을 다시 살려내어서 불러내는 장면까지 나와 있습니다.

또 하나의 사건은 마가복음 9장에 묘사된 사건이다. 여기에서도 죽었던 모세와 엘리야가 나타나 예수와 대화를 나누는 장면이 쓰여 있다. 모세와 엘리야는 대체 어디서 나타난 것일까? 천국에서일까? 아니면 낙원에서일까? 이때는 아직 예수가 낙원에 이르시기 전이므로 모세와 엘리야도 낙원에서 왔다고 보아야 한다.

자, 여기에서 질문 하나! 그렇다면 이분들의 영혼은 대체 어디에 있었던 것일까요? 사무엘은 시점이 죽은 지 얼마 안 되어 불려졌기 때문에 그렇다고 쳐도 예수님 시대에 불려진 모세와 엘리야는 그 시점이 최소 몇백 년에서 천 년 이상의 시간의 차이가 납니다. 그렇다면 그들의 영혼은 도대체 어디에 있었을까요? 물론 영의 특성상 시간은 별문제가 안 될 수 있습니다. 하지만 그들이 분명히 천국이 아닌 다른 시공간에 있음을 짐작할 수는 있습니다.

왜냐하면 성경상으로 보면 최후의 심판 전까지는 부활을 하지 못합니다. 그러므로 죽은 즉시 심판을 받아서 천국과 지옥에 간다는 것은 애초에 잘못된 이야기입니다. 요한계시록을 보면 첫 번째 부활과

두 번째 부활이 있습니다. 그런데 첫째 부활 자체가 인류 최후의 전쟁인 아마겟돈 전쟁 이후, 그리고 천년왕국의 시작 즈음에 일어나는 것이라고 명확히 나와 있습니다(요한계시록 20장 4~6절).

그런데 대부분의 기독교인들은 이것을 모르고 있을까요? 가톨릭이나 기독교 할 것 없이 교역자층에서는 이러한 사실을 적극적으로 가르치려고 하지 않은 것 같습니다. 아마도 그 이유는 일반 성도들의 혼란을 막기 위한 것일 수도 있고, 연옥이나 내세에 관한 이야기들이 워낙 많은 문제점을 일으켜왔기 때문에 거기에 대해서 별로 이야기를 안 하는 분위기가 형성이 되어 있어서 그럴 수도 있습니다.

중세 말기의 면죄부 사건은 연옥의 개념을 이용해서 로마 가톨릭에서 천국을 돈벌이로 이용했다는 비난을 받는 사건이다. 또한 20세기 말의 종말론 사상을 이용한 많은 이단 세력들 때문에 교회에서는 종말론에 대해서 이야기하는 것을 극도로 꺼리게 되었다. 하지만 종말론 사건은 아주 중요한 사건이다. 인간의 역사를 재규정하는 사건이기 때문이다. 이에 대해서는 뒤에서 더 자세히 논의하기로 한다.

여러분도 모두 알다시피 중세 말에 가톨릭에서 연옥을 빌미로 면죄부를 팔아먹는 행위가 공공연하게 행해져 엄청난 문제를 일으켰지요? 또한 20세기 말에 나타난 수많은 종말론 이단들은 얼마나 많았나요? 이러한 일이 비일비재했기 때문에 아마도 종교계에서는 종말론에 대해서 이야기하는 것 자체를 회피하는지도 모릅니다.

하지만 중요한 것은 종말에 관한 이야기는 성경의 이야기 중에 제일 중요한 이야기이고 예수의 부활처럼 우리의 부활 문제는 제일 중요한 문제라는 것입니다. 이러한 문제를 방치한다면 세기말이 다가올수록 더욱더 이단이 판치고 더욱더 문제를 일으킬 것입니다.

다시 사무엘상 28장으로 돌아가서 영매가 불러올린 사무엘에 대해서 다시 살펴봅시다. 대체 사무엘은 어디에 있다가 나타난 것일까요? 여기에 대한 답이 하나 있습니다. 바로 낙원입니다.

5.
성경에서 죽은 사람들을 보고서는 잔다고 하는 표현을 하는 이유는?

성경에서는 사람이 죽을 때 '잔다'라는 표현을 대단히 많이 씁니다. 예수님 자신도 죽은 자를 보고 잔다는 표현을 하셨죠. 마태복음 9장 24절, 이르시되 물러가라 이 소녀가 죽은 것이 아니라 잔다 하시니 그들이 비웃더라. 요한복음 11장 11절, 이 말씀을 하신 후에 또 이르시되 우리 친구 나사로가 잠들었도다 그러나 내가 깨우러 가노라에서 보면 예수님도 죽은 자를 보고 잔다는 표현을 하시는 것을 볼 수 있습니다. 그 외에도 사도행전 7장 60절에서 스데반이 군중으로부터 돌을 맞고 죽었을 때도 '잔다'라는 표현을 쓰는 등 사람의 죽음을 자는 것으로 표현을 많이 하는 것을 볼 수 있습니다.

예수께서는 죽은 나사로를 살리실 때 나사로가 잔다고 표현했다. 그리고 다른 죽은 이들에게도 모두 잔다고 말했다. 왜 잔다는 표현을 했을까? 그들이 죽어서 이미 천국이나 지옥에 있었다면 잔다는 표현을 했을까? 이로 미루어 보아서도 인간은 죽은 이후에 바로 천국이나 지옥으로 가는 것이 아니라 낙원에서 자고 있다는 것이 더 명확해진다. 이는 아주 중요한 사실이다.

그렇다면 왜 죽은 것을 자는 것으로 묘사를 많이 했을까요? 이 부분은 현대적으로 해석을 해보자면 임사체험 현상과 연관 지어 생각해볼 수가 있습니다.

최근에 의학이 발전됨에 따라서 임사체험을 하는 사람들이 부쩍 많아지고 있습니다. 즉, 심장이 정지되거나 뇌사상태에 빠졌다가 다시 살아난(?) 사람들이 많아지고 있다는 것입니다.

인공지능과 요한계시록 그리고 부활 환생의 비밀

6.
임사체험자들의 경험과 낙원과의 관계

이제 본격적으로 임사체험자들의 이야기를 해보겠습니다. 임사체험자들이란 말 그대로 죽음을 체험한 사람들을 말합니다. 임사체험자에 대한 연구는 각 대륙, 각 연구소 등 많은 곳에서 시행이 됐었는데요, 신기한 것은 연령, 성별, 지역에 관계 없이 체험자들의 이야기가 아주 일맥상통한다는 것입니다. 즉, 아주 비슷하다는 말입니다. 그 내용을 보면 다음과 같습니다.

임사체험의 단계는 보통 3단계로 구분해볼 수 있는데요, 첫째는 거의 모든 사람들이 공통적으로 어두운 동굴을 통과하게 되며, 둘째는 어두운 동굴의 끝에 밝은 빛이 보인다는 것이고, 셋째로는 그 동굴을 통과하고 나면 아주 평온한 잔디밭 같은 곳이 나온다는 것입니다. 그런데 그 잔디밭이 얼마나 평온하고 좋은지,

이 세상에서는 볼 수 없는 곳처럼 좋다고 합니다.

임사체험자들은 여러 대륙 각 나라를 상대로 연구되었지만 임상에 참여한 사람들의 묘사
는 거의 비슷하게 나왔다. 대부분의 사람들은 어두운 동굴 같은 곳을 통과한 후에 아주 평
온한 잔디밭이 나온다고들 말한다. 일부 소수의 사람에서는 아주 어둡고 칙칙한 곳에 거하
게 된다는 묘사도 있다. 하지만 특징적인 것은, 아무도 천국이나 지옥에 갔다고 말하는 사
람은 없었다는 것이다.

　심지어 임사체험자들 중에서는 그곳이 너무 평화롭고 좋아서
다시 살아난 이후에도 그곳을 그리워한 나머지 다시 자살을 하는
사람들이 있을 정도라고 합니다. 그 정도로 평온하고 아늑해 보
인다는 것이죠. 여기에서 말하는 곳은 정말 낙원처럼 보입니다.
하지만 일부에서는 축축한 느낌의 어두운 장소라고 말하는 사람
도 일부 있었다고 합니다.

　**하지만 이들의 공통점은, 죽은 후에 반드시 어떠한 다른 세계에 들
어가는 것은 분명하며 그냥 사라지는 느낌은 없었다는 것입니다. 그
리고 천국이나 지옥에 갔다는 사람도 없었습니다.**

　　　　　인공지능과 요한계시록 그리고 부활 환생의 비밀

예수님이 낙원에 대해서 성경에서 처음으로 언급한 것은 결코 우연이 아닌 것으로 보입니다. 즉, 인간이 죽으면 인간의 영혼은 영혼의 대기소인 낙원으로 먼저 가기 때문입니다.

사실 복음서를 읽어보면 예수님이 자기 자신에 대해서 가장 많이 말씀하신 것이 자신의 부활 이야기입니다. 사실 구원에 관한 이야기, 즉 예수 자신의 대속 사역에 대한 말씀보다는 유독 자신의 부활 이야기에 대해서 치우치게 말씀하고 있다는 것을 볼 수 있습니다. 결과적으로 보자면 예수께서는 자신의 가장 큰일이 죽은 뒤에 부활하는 것이 훨씬 큰일처럼 이야기를 하셨다는 것이죠. 그만큼 부활 사역이 중요한 일이었다는 말입니다.

신약성경을 보면 예수의 말씀 중 대부분이 자신의 부활에 대한 것임을 볼 수 있다. 즉, 양대 사역인 구속 사역과 부활 환생 사역을 나누어서 이야기해본다면 거의 80% 정도를 차지할 정도로 부활 환생 사역에 대해서 더 많이 이야기하고 있다. 이로 미루어 보면 예수께서는 부활 환생 사역을 우리가 흔히 생각하는 것보다 훨씬 더 중요시한 것으로 보인다.

현재 성경의 교리를 보면 천주교에서는 사람이 죽으면 바로 천국이나 지옥으로 가거나 일부는 연옥이라는 일시적인 중간 지대를 거친 후 천국이나 지옥으로 가는 것으로 되어 있습니다.

하지만 개신교는 이러한 교리가 명확하지가 않습니다. 어떤 학자들은 천주교에서 말하는 것처럼 죽으면 바로 천국이나 지옥으로 간다고 하는 사람들도 있고, 어떤 학자들은 제가 주장하는 것처럼 죽으면 낙원에서 대기하고 있다가 최후에 심판 때에 부활한다고 하는 사람들도 있고, 이도 저도 아니고 그것은 하나님 섭리의 영역이므로 우리가 굳이 알려고 할 필요도 없고 알 수도 없다고 하는 사람들도 있습니다.

하지만 만일 사람이 죽은 후에 천국과 지옥으로 간다면 성경에서 굳이 죽은 사람이 '잔다'라는 표현을 썼을까요? 성경에서는 죽은 사람이 잔다는 표현을 수도 없이 많이 하고 있습니다. 하도 많아서 오히려 일반적인 표현으로 보이기까지 합니다. 그런데 또 특이한 것은 천국이나 지옥에 간다는 표현은 거의 없다는 것입니다. 오히려 죽은 사람이 잔다고 하는 표현이 훨씬 더 자연스러워 보입니다.

제가 항상 드리는 말씀은, 성경은 진실만을 이야기하고 있다는 것입니다. 사실 성경을 책으로만 본다면 그리 친절한 책은 아닙니다. 우리가 읽기에 편한 책이 절대 아니에요. 왜냐하면 이 책은 인간이 인간에게 하는 이야기가 아니기 때문입니다. 이는 신이 인간에게 하는 이야기입니다. 읽기가 편할 리가 없겠죠? 하지만 읽기가 불편하다고 해서 사실이 아닌 것은 아닙니다. 성경은 진실만을 기록한 책이기 때문입니다. 투박해 보이기는 하지만 진실에 관한 이야기를 툭툭 던집니다. 그래서 성경은 다른 책과는 달리 아주 자세히 보아야 합니다.

 잔다는 표현은 죽은 사람들이 바로 신이 태초에 만들어놓은 낙원-부활 시스템에 있다고 말하는 것입니다. 즉, 인간이 죽으면 영혼은 바로 낙원-부활 시스템으로 편입이 되게 되어 있습니다. 그래서 잔다는 표현을 한 것이죠.

심지어 나사로는 죽은 후 며칠이 지나서 무덤에 있었고 심지어 시체 썩는 냄새가 날 지경에 있었는데도 예수께서는 나사로가 잠자고 있다고 이야기했다.

 성경을 보면 죽은 사람이 다시 살아나거나 이미 죽은 성경상의 위인들이 이 세상에 다시 나타나는 경우가 많이 나옵니다. 이렇듯 성경에는 죽었던 사람을 다시 살리거나 이미 죽은 성경상의 위인들이 다시 나타나는 장면들이 많이 나옵니다. 그렇다면 이들은 대체 어디에 있다가 나타나는 것일까요? 사실 성경상으로 보자면 최후의 심판이 있기 전까지는 모든 인간들의 영혼은 자고 있다고 보는 것이 맞는 해석입니다.

물론 학자들마다 의견이 다를 수는 있지만 이 내용은 우리가 전문 신학자가 아니더라도 확실히 알고 넘어가야 합니다. 저는 명확히 말합니다. **우리는 예수의 재림 전까지는 무덤, 즉 낙원에서 잠을 자게 되어 있습니다. 그리고 마침내 예수의 재림 후에 최후의 심판을 받고 천국과 지옥으로 가게 되어 있습니다.** 이러한 내용을 과학적으로 뒷받침해주는 것이 바로 임사체험자들의 임사체험인 것입니다.

하지만 그러한 시스템이 예수의 구속 사역과 부활 환생 사역으로 인해 변화가 일어나게 되었다는 것이 이 책의 주제입니다. 그렇다면 예수의 부활 환생 사역 후에 낙원-부활 시스템은 구체적으로 어떤 변화를 겪게 되었을까요?

7.
예수가 다녀간 뒤의
낙원-부활 시스템은 어떻게 바뀌었나?

낙원의 구성이 역시 예수 이전과 이후로 큰 변화를 겪은 것은 당연한 이야기입니다. 예수 이전의 낙원이 모든 영혼의 활성이 없는 정적

이전에는 막혀 있었던 낙원은 예수의 부활 환생을 통해 거룩한 성으로 회복이 되고 인간들의 영혼이 드나드는 역동적인 장소로 바뀌게 되었다. 이것은 원래 신이 만들어놓은 시스템을 회복하게 된 것이었다. 즉, 예수의 부활 환생 후에 잠자던 인간들의 영혼이 부활 환생하게 된 것이다. 그리고 신의 섭리에 따라 구원 기회의 공정성이 충분히 확보된 후에는 요한계시록에 예언된 사실이 성취되어가게 된다.

인 곳이었다면 예수 이후의 낙원은 인간의 영혼들이 들고 나는 엄청난 동적인 장소로 변했습니다. 사실 정확히 이야기하자면 낙원-부활 시스템이 다시 제대로 작동하기 시작한 것입니다.

이제 낙원은 더 이상 죽은 자들의 무덤이 아니라 역동적이고도 많은 역사가 이루어지는 곳으로 변모하게 되었습니다. 물론 이러한 일도 철저하게 예수님의 주권에 의한 일이었습니다. 요한복음 5장 21~22절, 아버지께서 죽은 자들을 일으켜 살리심같이 아들도 자기가 원하는 자들을 살리느니라 아버지께서 아무도 심판하지 아니하시고 심판을 다 아들에게 맡기셨으니라는 구절을 보면 예수께서 죽은 자들을 살린다는 표현이 직접적으로 나오는 것을 볼 수 있습니다.

우리가 신의 섭리에 관한 부분까지 다 알 수는 없지만 신께서는 예수를 통하여 삼라만상의 섭리를 통하여 살릴 자는 살리고, 살리지 않을 자는 살리지 않으셨을 것입니다. 그러한 섭리까지는 우리가 다 알 수는 없지만 공의의 하나님께서는 그의 공평하심을 따라서 인간의 행위와 결과까지 고려하여 자신의 섭리를 사용하실 것이라고 생각하면 될 것 같습니다.

낙원에서 무슨 일이 일어나고 있는지 우리가 정확히 알 수는 없다. 하지만 신의 섭리에 의해서 모든 일이 공정하고 정확하게 합력하여 선을 이루는 방향으로 이루어지고 있음은 틀림이 없다.

　그렇다면 낙원의 실상은 어떠했을까요? 죽은 영혼들은 낙원에 갈 때 동등하게 거주(?)했을까요? 성경상의 위대한 인물, 즉 모세나 엘리야, 다윗 같은 사람들이 이 세상에서 범죄만 저지르고 주위 사람들을 괴롭히기만 하다가 죽은 인간들의 영혼과 같이 섞여서 똑같이 잠들어 있었을까요? 이에 대한 대답은 Yes and No 정도로 대답할 수 있을 것 같습니다. 분명히 이들 영혼 간의 차이는 있었을 것으로 보이지만 낙원의 취지 자체가 영혼들이 잠들어 있다가 부활하기 전까지 대기하는 곳으로 만들어진 곳이기 때문에 정도의 차이는 있으나 또한 차이는 없다 정도로 대답할 수 있을 것 같습니다.

8.
낙원-부활 시스템은 신의 공의의 문제,
즉 공평성의 문제를 해결해준다

이로써 성경의 모든 비밀 코드가 풀리는 셈입니다. 우리가 성경을 보면서 제일 의아하게 생각했던 부분, 즉 사랑의 하나님이 왜 이렇게 잔인하고 모순적인가 하고 느꼈던 것들이 모두 일시에 이해되는 느낌입니다.

낙원-부활 시스템이야말로 이러한 모든 문제를 다 해결해주기 때문입니다. 예를 들자면 모세와 여호수아의 가나안 땅 정복 전쟁에서는, 속칭 한 민족의 씨를 말리는 진멸이라는 표현이 자주 나옵니다. 이 표현은 극도로 잔인한 표현으로서 전쟁을 할 때 상대 민족의 씨를 말리는 전쟁을 뜻하는 것이었습니다.

인공지능과 요한계시록 그리고 부활 환생의 비밀

가나안 정복 전쟁은 일종의 민족 말살 전쟁이었다. 즉, 민족 전체를 젖먹이들까지 완전히 죽이는 전쟁이었기 때문이다. 너무나도 잔인해 보이는 이 전쟁 때문에 구약성경의 신은 인자하고 자비한 유대교의 신이 아니고 다른 지역에 있는 군신(軍神)을 차용한 것이라고 말하는 사람들이 있을 정도이다. 즉, 도저히 같은 신이라고 말할수 없을 정도로 잔인하다는 말이다. 하지만 이제는 이해할 수 있다. 그때는 그것이 이스라엘 신앙의 순수성을 위한 불가피한 상황 때문이었으며 어느 시기에는 그들의 영혼을 다시 살릴 것이었기 때문이다.

　　그것이 의미하는 것은 군인뿐만이 아니라 민간인, 심지어 임산부와 젖먹이 아기들까지 죽이라는 것이었기 때문입니다. 얼마나 잔인합니까? 이러한 표현을 두고 일부 성경학자들 중에서는 이러한 부분에 나타난 하나님은 이스라엘 족속이 아닌 다른 민족의 '군신의 표현'이라는 말을 할 정도였습니다. 즉, 여기에서 나타난 하나님은 전혀 다른 민족의 신을 묘사하는 것이라는 말입니다. 그리하여 마침내는 이럴 때 성경상에 나타난 하나님은 다른 민족에서 나타난 하나님을 짬뽕을 시켜놓은 책이라는 역사 비평이라는 성경 해석 분야까지 나오게 된 것입니다.

왜냐하면 구약성경상에 나타난 하나님은 마치 다중인격자처럼 나타나고 있기 때문입니다. 때로는 사랑의 하나님, 인자한 하나님으로 나타났다가도 이러한 포악한 면을 드러내고 있기 때문이라는 거죠.

그러므로 이것은 같은 신을 가리키는 것이 아니라 각각 다른 신을 하나로 모아놓고 편집한 책이라는 것입니다. 이 부분은 현대에 들어서 자유주의 성경학자들이 성경을 난도질하면서 해석하며 들이대는 논리입니다.

성경의 역사 비평학자들은 구약의 이러한 다양한 신의 모습을 보고 신에 대한 이야기가 일관성이 없다고 하면서 성경이 짜깁기된 것이라고 주장한다. 하지만 예수의 부활 환생 사역을 통한 낙원-부활 시스템의 회복은 이러한 모든 의문 사항을 다 해결해준다.

이제는 모든 것이 이해되시지요? 즉, 하나님이 이렇게 진멸이라는 표현을 써가면서 이스라엘에게 정복 전쟁을 시킨 이유는 그 민족을 멸하시기 위해서가 아니라 다시 살리시기 위함이었습니다.

인공지능과 요한계시록 그리고 부활 환생의 비밀

즉, 이스라엘의 신앙이 유지가 되어야 예수 그리스도가 이 땅에 오실 수 있고 그래야 그들을 다시 살릴 수가 있었기 때문이었다는 것입니다. 삶과 죽음을 초월한 하나님의 사랑이 느껴지는 부분입니다. 이렇게 되면 구약성경 전체의 맥락에서 사랑의 하나님이 증명되는 것이므로 자유주의 신학자들의 성경 비평이 잘못되었다는 것을 알 수 있습니다.

일반적으로 사람들이 살면서 신에 대해서 가장 실망스러워하는 문제 중의 하나가 신이 너무 불공평하다는 것이라고 했지요? 하지만 신은 한 번도 불공평한 적이 없었습니다. 신은 단지 그 시대에 그 자신이 제일 필요한 일을 했을 뿐입니다. 단지 우리가 그것에 대해서 모르고 있었을 뿐이죠. 신은 시공을 초월해서 자신의 일을 하는 존재이므로 그런 것 같습니다.

또 한 가지, 우리가 성경을 보다 보면 제일 문제가 되는 것이 하나님은 과연 인류의 보편적이고도 일반적인 신인가 하는 문제입

우리가 가지는 가장 큰 의문 중의 하나가 도대체 홍해를 건너던 이스라엘 민족과 고조선이었던 우리가 무슨 관계가 있냐는 것이다. 하지만 예수의 부활 환생 사역을 통한 낙원-부활 시스템은 온 인류가 예수를 통해 모두 연결되어 있다는 것을 말해주고 있다.

니다. 쉽게 말하자면 수천 년 전에 중동 땅에서 일어난 일들이 나와 무슨 상관이 있냐는 것입니다. 차라리 그런 사람들보다는 당장 조선시대나 삼국시대에 우리가 살고 있는 한반도 땅에서 일어난 일과 사람들이 우리랑 훨씬 관련이 있어 보이는 것이 사실입니다.

사실 우리나라 사람들이 제일 많이 접하는 종교라고 한다면 유교나 불교, 토속신앙 등을 들 수 있습니다. 즉, 우리나라 사람들은 유교나 불교 등에 훨씬 더 깊은 관심을 가지고 있다는 것입니다. 더구나 기독교를 보면 불공정한 면이 많이 보이는 대목이 많이 있습니다. 모르는 사람들이 성경을 읽는다면 당최 이해하기 힘든 대목들이 많이 나오는 것도 사실입니다.

제일 이해가 안 되는 부분이 바로 예수 이전의 사람들의 구원 문제일 것입니다. 그리고 성경에서 보면 하나님이 거의 다중인격신으로 등장하는 부분도 많이 나옵니다. 전쟁을 밥 먹듯 하며, 이스라엘 백성만을 사랑하고 다른 민족들은 무시하는 편협한 신(?)으로 묘사가 되고 있는 것처럼 보입니다. 이처럼 속이 좁고 편협한 신이 과연 모든 인류의 보편적인 신이 될 수 있는가 하는 의구심이 드는 것도 사실입니다.

하지만 낙원-부활 시스템은 이러한 모든 문제를 해결해줍니다. 즉, 예수의 사역이 모든 인류와 관계가 되어 있다는 것을 밝혀주기 때문입니다. 심지어 다른 종교와의 관계성까지 연결시켜주는 역할을 합니다. 인간에게 가장 중요한 것은 그 사람이나 그 집단이 자기 자신

인공지능과 요한계시록 그리고 부활 환생의 비밀

과 얼마나 관계가 있느냐 하는 것입니다. **낙원-부활 시스템은 이러한 모든 문제를 해결해줍니다.**

기독교 세계관에서 제일 문제가 많고 이해가 안 되는 부분이 이 부분이기도 한 것이 사실입니다. 기독교가 늦게 들어간 대부분의 나라에서 일어난 현상이기도 했지요. 즉, 지금까지 우리 민족은 예수나 기독교 없이도 잘 살아왔는데 이제 와서 2,000년 전에 수천 킬로미터 떨어진 곳에서 중죄인으로 낙인을 받고 십자가에 못 박혀 죽은 예수라는 사람이 대체 나와 무슨 상관이 있냐는 겁니다.

하지만 낙원-부활 시스템은 이러한 모든 것에 대한 답을 주고 있습니다. 답을 준다는 표현보다는 답을 감추고 있었다고 표현하는 것이 맞을 것 같네요. 성경은 신의 비밀을 가지고 있는 신비로운 책입니다. 우리는 그 신비한 책에 있는 수수께끼 같은 비밀들을 풀어야 할 책임이 있는 사람들입니다. 바로 신이 우리에게 성경의 비밀을 통해서 이야기를 하고 있기 때문입니다.

역사성과 관련성을 맺게 된다는 면에서 본다면 인류의 역사를 BC와 AD로 나눈다는 것은 꽤 의미가 있어 보입니다. 즉, 예수 이전과 예수 이후로 역사가 나누어지고 있다는 것은 그 과정이 어찌 되었든 간에 꽤 의미가 있어 보인다는 거죠. **이를 기독교적으로 해석을 해본다면 예수 이전과 이후의 역사가 완전히 바뀌었음을 의미합니다.**

techtodaytrends.com

Full Foms

BC – AD

Before Christ   Anno Domini

인간의 역사를 주전(BC)과 주후(AD)로 나눈 것은 예수의 부활 환생 사역을 통한 낙원-부활 시스템 측면으로 본다면 상당히 의미가 있어 보인다. 즉, 예수 이전에 태어난 사람들이 예수 이후에 모두 부활 환생함으로써 구원의 기회를 공평하게 가진다는 것은 신의 공정성 문제를 해결해주기 때문이다.

예수의 부활 환생 사역을 통해 낙원-부활 시스템이 활성화된 것으로 볼 때 20세기 들어서 지구상의 인구가 급격하게 늘어나게 된 것은 상당히 의미 있는 일입니다. 지금까지 지구상에 살았던 인간의 수는 얼마나 될까요? 물론 현대의학이 발달하면서 인간의 수명이 늘어나게 된 것이지만 제가 앞에서 말씀드렸다시피 지구상의 모든 일 중 우연히 되는 일은 없다고 했습니다.

이렇게 현시대에 벌어지는 모든 일들도 모두 신의 계획과 연결이 되어 있으며 모든 것이 합력하여 선을 이루는 방향으로 나아가고 있다는 것입니다. 그리고 인간의 인구가 적당한 수준, 즉 신의 섭리에 충분하게 부활 환생이 이루어진 후에는 우리의 불행했

인공지능과 요한계시록 그리고 부활 환생의 비밀

던 역사가 끝이 나고 새 하늘과 새 땅을 위한 시간이 온다는 것입니다. 그리고 그 내용이 바로 요한계시록에 나타나 있다는 것입니다.

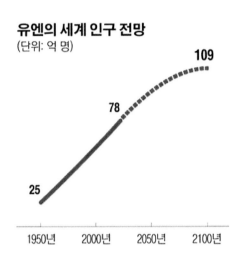

유엔의 세계 인구 전망
(단위: 억 명)

유엔의 통계에 따르면 전 세계의 인구는 2100년쯤에 이르면 약 109억 명에 이르게 된다고 한다. 물론 인구 증가는 현대의학의 발전과 식량 증산에 따른 것이다. 하지만 우리는 그것만 봐서는 안 된다고 했다. 우리는 모든 면을 바라볼 때 예수의 부활 환생 사역을 통한 낙원-부활 시스템 측면을 볼 수 있어야 한다고 했다. 인구수가 늘어나는 것 자체가 예수 이전에 태어났던 사람들의 부활 환생이 가속화되고 있다는 말이고, 이는 우리의 불행했던 역사가 끝나가고 있다는 것이다. 그리고 마침내 요한계시록에서 예언한 과정들이 시작되고 있고, 마지막으로는 새 하늘과 새 땅으로 향하는 여정으로 진행되고 있다는 것을 말해주는 것이다.

사실 조금 더 들어가서 이를 신학적으로 해석을 해본다면 낙원-부활 시스템은 인류 역사상 최고의 사건이며 인간의 삶에 있어서 양적, 질적인 변화를 의미하는 것입니다. 인간의 제일 문제가 무엇입니까? 바로 죽음의 문제입니다. 인류 역사상 죽음의 문제에서 자유로운 인간은 없었습니다.

하지만 낙원-부활 시스템은 이러한 죽음의 문제를 확실하고도 정확하게 해결해줍니다. 세상에 있는 많은 세계관 중에 이러한 문제를 정확하게 해결해준 세계관은 없었습니다. 이제 새롭게 제시된 낙원-부활 시스템은 기독교에 입각하여 삶과 죽음에 관해 완벽한 세계관을 제시해줍니다.

9.
바울 사도와 기독교는 왜 낙원-부활 시스템에 대해서 적극적으로 이야기하지 않았는가?

　기독교 초기에 이러한 사실, 즉 낙원-부활 시스템에 대해서 밝히지 않았던 것일까요? 그리고 또 심지어 신은 아시아로 전도를 가려고 계획을 세웠던 바울을 말렸습니다. 사실 이 부분도 성경 해석의 최대 난제이기도 합니다. 대체 왜 신은 아시아로의 전도를 막은 것일까요?

　하지만 제가 앞에서 말씀드렸다시피 모든 것에는 다 이유가 있다고 했습니다. 바울 사도가 낙원-부활 시스템(삼층천)을 이야기하지 않은 것과 바울의 아시아 전도를 성령이 막은 것(사도행전 16장 6절)은 다 이유가 있는 일이었습니다.

　이는 기독적인 종교 일관성을 지키기 위한 일이었기 때문입니다. 다들 아시다시피 신생 종교로써 기독교는 이미 초기부터 교리 논쟁이 벌어지고 있는 상황이었습니다. 신생 종교의 특성상 초기에는 교리 논쟁이 벌어지는 일이 어찌 보면 당연한 일이었습니다. 그러므로 바울은 자기가 보았던 삼층천, 즉 낙원-부활 시스템을 어찌 설명할 수가 없었을지도 모릅니다. 즉, 교리 정립을 하기가 힘들었던 것이죠.

사실 기독교 초기에 기독교의 교리를 거의 정립하다시피 했던 바울이었지만 바울로서도 낙원-부활 시스템은 해석하기가 힘들어서 미해석으로 남겨뒀을 가능성이 있다는 것입니다. 이를 성경에서는 바울이 그것을 마음의 병을 앓을 정도로 몸의 가시로 묘사한 것을 볼 수 있습니다. 이러한 이유로 낙원-부활 시스템은 초기 기독교 교리로 선택되지 못했을 것입니다.

바울은 고린도후서 12장 4절에서 낙원-부활 시스템을 보았으나 그것을 기독교 교리화할 수는 없었다. 왜냐하면 그 내용이 도저히 이해할 수가 없었던 내용이기도 했고, 기존의 교리와도 융합시키기가 어려웠을 것으로 생각된다.

인공지능과 요한계시록 그리고 부활 환생의 비밀

그다음으로는 신이 바울의 아시아 전도를 막은 이유에 대해서 알아보도록 하겠습니다. 그 내용은 사도행전 16장 6절에 나옵니다. 이 내용은 약간 고개를 갸웃거리게 만드는 장면입니다. 성령이 아시아에서 말씀을 전하지 못하게 하시거늘 그들이 브루기아와 갈라디아 땅으로 다녀가라는 구절인데요.

이 장면도 성경에서 최대의 미스터리 중의 하나로 꼽히는 장면입니다. 앞에서 잠깐 말씀드린 바 있지만 왜 성령은 아시아로 가는 전도의 길을 막았을까요? 신이 아시아를 싫어하신 걸까요? 하지만 이것도 같은 맥락에서 생각해보면 간단히 해석할 수 있습니다. 즉, 동방에 있는 각종 거대 종교들과 혼합되는 것을 경계하기 위함이었음을 생각해볼 수 있다는 것입니다.

사실 우리가 2,000년이 지난 시점에서 기독교를 보고 있기 때문에 그렇지, 2,000년 전으로 돌아가자면 그 당시의 세계 역사상 기독교만큼 이상한 종교는 없었습니다. 그 당시에는 전 세계의 종교가 샤머니즘 같은 다신론이나 자연신을 섬기는 상황이었습니다. 이스라엘의 유일신론 사상 같은 종교는 다른 곳에는 보기 힘들었을 뿐만 아니라 인류를 구원하는 메시아 사상이라는 것은 더더구나 드문 사상이었습니다. 전 세계적으로 봐도 아주 독특하기도 하고 또한 극단적으로 폐쇄적인 종교이기도 했습니다. 더구나 기독교는 이제 만들어지기 시작한 신생 종교였습니다. 사실상 그 당시의 사람들에게 전도하기가 쉽지 않은 종교였다고 생각하시면 될 것 같습니다.

그 당시 동방에는 수많은 혼합 종교가 난립하고 있었다. 로마제국 자체도 그리스-로마 신화가 광범위하게 퍼져 있는 상태여서 일반 시민들은 신화 속의 신과 기독교에서 말하는 신을 혼동하는 경향이 있었다. 이 상황에서 바울 사도의 동방으로의 전도는 기독교의 순수성을 유지하기 위해서 허락되지 않은 것으로 보인다.

위에서 말씀드렸다시피 그 당시 동방에는 힌두교와 불교 등등 거대한 종교체계가 자리 잡고 있었습니다. 그래서 바울 사도가 아시아로 가려던 것을 성령이 막은 것입니다. 그 이유는 이미 바울 시대부터도 기독교 이단 사상이 있을 정도로 기독교에는 유독 이단 사상이 많았기 때문입니다.

또한 아시다시피 기독교가 태동한 로마제국은 사상적으로는 헬레니즘의 세계였습니다. 즉, 그리스-로마 신화의 세계였던 것입니다. 그들의 신은 기독교의 입장에서 보면 신이 아니라 인간에 가까운 것이었습니다. 사실 그리스-로마 신화에 나오는 신은 진정한 신이라기보다는 신의 이름을 빌어 인간의 이야기를 하는 서사 구조였죠.

하지만 초기 기독교에서 말하는 신은 그게 아니었죠. 이러한 가운데 그 당시의 사람들에게 참 신인 하나님에 대해서 이야기하

인공지능과 요한계시록 그리고 부활 환생의 비밀

는 것 자체도 쉬운 일이 아니었습니다.

바울 사도 당시의 로마제국은 그리스-로마 신화로 가득 찬 신화의 세계였다. 그러므로 초기 기독교에서 말하는 신과 매우 혼동하는 경향이 있었다. 기독교는 로마 사회에서조차도 전파되기가 쉽지 않은 상태였다. 이 상태에서 바울이 동방 전도까지 한다는 것은 사실상 힘들었을 것으로 보인다.

　　그런데 그 와중에 낙원-부활 시스템 같은 너무나 심오한 이야기까지 하기에는 바울 사도가 너무 부담감을 느꼈을 것으로 생각이 됩니다. 고린도후서 12장 1~9절, 무익하나마 내가 부득불 자랑하노니 주의 환상과 계시를 말하리라 내가 그리스도 안에 있는 한 사람을 아노니 그는 십사 년 전에 셋째 하늘에 이끌려 간 자라(그가 몸 안에 있었는지 몸 밖에 있었는지 나는 모르거니와 하나님은 아시느니라) 내가 이런 사람을 아노니(그가 몸 안에 있었는지 몸 밖에 있었는지 나는 모르거니와 하나님은 아시느니라) 그가 낙원으로 이끌려 가서 말로 표현할 수 없는 말을 들었으니 사람이 가히 이르지 못할 말이로다 내가 이런 사람을 위하여 자랑하겠으나 나를 위하여는 약한 것들 외에 자랑하지 아니하리라 내가 만일 자랑하고자 하여도 어리석은 자가 되지 아니할 것은 내가 참말을 함이라 그러나 누가 나를 보는 바와 내게 듣는 바에 지나치게 생각할까 두려워하여 그만두노라 여러 계시를 받은 것이 지극히 크므로 너무 자만하지 않게 하시려고 내 육체에 가시 곧 사탄의 사자를 주셨으니 이는 나를 쳐서 너무 자만하지 않게 하려 하심이라 이것이 내게서 떠나가게 하기 위하여 내가 세 번 주께 간구하였더니

부분을 보면 바울 사도가 낙원-부활 시스템을 본 후 그 내용을 가지고 얼마나 고민을 했었는지를 알 수가 있습니다. 혼자 알고 있기에는 그 비밀의 크기가 너무 커서 말을 하지 못하여 마음의 병이 되기까지 하는 괴로움을 이야기하고 있지요? 즉, 그 괴로움이 너무 커서 하나님께 이 괴로움을 가져가달라고 세 번이나 이야기할 정도였습니다. 하지만 이마저도 받아들여지지 않은 끝에 사탄의 사자가 심겨질 정도의 마음의 괴로움을 당하는 장면이 생생하게 묘사가 되어 있습니다.

어렸을 때 읽었던 동화 중에 「임금님 귀는 당나귀 귀」라는 동화가 있었지요? 무엇인가 알고 있는데 말을 못 하고 벙어리 냉가슴 앓듯 하는 인간의 기본적인 심리적 문제를 이야기해주는, 상당히 심오한 동화라고 볼 수 있습니다. 바울 사도의 심정이 이러한 심정이 아니었을까 하는 생각이 듭니다.

바울 사도는 자신이 본 낙원-부활 시스템에 대해서는 도저히 말할 수가 없었다. 그래서 마음의 병이 생겼다. 그것이 바로 그 유명한 바울의 '육체의 가시'이다. 즉, 마음의 병이 육체적으로 나타날 만큼 엄청난 스트레스를 준 것이다. 이는 우리가 어렸을 때 읽은 「임금님 귀는 당나귀 귀」라는 동화를 떠올리게 한다.

그 큰 비밀을 혼자 마음에 담고 있어야만 하는 마음의 괴로움을 묘사한 것이죠. 사실 바울 사도는 이 사실을 다른 사람들에게 이야기하려고 한 것을 볼 수 있습니다. 8절에 보면 이것이 내게서 떠나가게 하기 위하여 내가 세 번 주께 간구하였더니라는 구절이 나오는데 이는 바울 사도가 이것을 대중에게 이야기하고자 했다는 것으로 해석을 할 수 있습니다. 하지만 하나님께서 이것을 막으신 것입니다. 왜 그랬을까요? 이는 앞에서 말했다시피 초기 교회의 교리적인 혼란을 막기 위한 것이었음을 미루어 짐작해볼 수 있습니다.

이로써 성경의 최대 난제 중의 하나가 또 하나 풀리게 됩니다. 사실 이 부분도 하나님의 공의성 문제를 심하게 훼손하는 문제 중의 하나였습니다. 왜냐하면 기독교를 동방으로 전파하려던 바울 사도의 뜻을 하나님이 막은 셈이었기 때문이죠. 이는 기회 균등이라는 공의의 원리에서 벗어난 것처럼 보이지만 실제로는 초기 기독교 자체를 더 공고히 하고자 하는 하나님의 뜻으로 해석하면 될 것 같습니다.

　그런 의미에서 예수님의 낙원-부활 시스템도 하나님이 원래 공의의 하나님이었음을 증명해주는 것임을 보여주는 것입니다. 주님의 시간에 모든 것이 이루어지리라는 찬송도 있듯이 바로 예수님의 시간에 이러한 모든 일이 이루어지고 있었던 것입니다. 그리고 이제 그 낙원-부활 환생 시스템이 제 역할을 다해 충분한 사람들이 다시 태어나게 되었죠. 이 문제에 대해서도 여러 가지의 논의점이 있는데 **인간의 부활의 횟수는 얼마나 될까요? 그것은 말 그대로 신의 섭리에 따라서 정해질 일입니다. 하지만 확실한 것은 그 사람의 개인적인 구원이나 성화의 문제가 해결될 때까지 충분한 기회가 주어질 것이라는 것입니다.**

낙원-부활 시스템은 인간의 구속 사역보다 더 중요하다고 말할 수 있을 정도로 중요한 주제이다. 왜냐하면 그것은 우리의 모든 것을 규정해주기 때문이다. 낙원-부활 시스템의 가장 중요한 점은 신의 공정성과 공평성을 잘 설명해준다는 점이다. 즉, 인간의 구원 기회에 관한 공정성과 공평성에 대한 이야기이고 또 한편으로는 인간의 영생에 관해서 잘 설명해주는 이야기이기 때문이다.

그리고 충분히 구원의 기회 공평성이라는 하나님의 공의가 다 펼쳐지고 난 후에는 신의 시간표에 따라서 그다음 단계로 진입이 되는 것입니다. 그다음 단계라고 하는 것이 바로 대환란, 천년왕국, 새 하늘과 새 땅입니다.

요한계시록에 나타난 인류 역사의 발전 방향. **대환란**과 **천년왕국**을 거친 후에 인류는 **새 하늘과 새 땅**, 즉 영생의 시대를 맞이할 것이다. 나중에 좀 더 자세히 설명하도록 하겠다.

그다음 인류의 역사는 또한 신의 계획과 인간의 노력이 같이 합쳐져서 인류의 역사를 이끌어가게 될 것입니다. 이러한 계획이 요한계시록에 기록이 되어 있는 것이죠. 새 하늘과 새 땅에서 벌어질 일은 감히 우리가 상상하기 힘든 세계입니다.

제가 앞에서 말씀드렸다시피 요한계시록은 일종의 예언서입니다. 이를 더 자세히 이야기하자면 성경의 예언서는 미래의 역사를 기록해놓은 책입니다. 즉, 일종의 역사서라는 것입니다. 예언서의 특성상 여러 비유들을 썼기 때문에 해석하기가 쉽지는 않지만 자세히 읽어보면 다 알 수 있는 내용입니다.

이제 본격적으로 요한계시록에 대해서 이야기해보도록 하겠습니다. 갑자기 왜 느닷없이 요한계시록이냐고 하실지도 모르겠지만 낙원-부활 시스템은 창세기, 요한계시록과 아주 밀접한 관계를 가지고 있습니다. **왜냐하면 낙원-부활 시스템이 바로 시작의 책인 창세기와 끝에 대한 책인 요한계시록을 이어주는 중간 다리 역할을 하고 있기 때문입니다.**

다들 아시다시피 요한계시록은 예언서입니다. 예언서의 특징이 무엇이지요? 시간이 지나면 역사서가 된다는 것입니다. 다니엘서가 그 대표적인 경우였습니다. 마찬가지로 요한계시록도 역사서가 될 것입니다. 앞으로 벌어질 인류 역사에 대한 역사서인 셈이죠. 즉, 위에서 이야기했던 낙원-부활 시스템으로 시작된 신과 우리의 역사가 현대 이후로 어떻게 되어갈 것인가를 이야기해주는 책이 될 것입니다. 자, 이제 요한계시록으로 들어가보도록 하겠습니다.

인공지능과 요한계시록 그리고 부활 환생의 비밀

제 2 부

과학적으로 해석하는
요한계시록과의 관계

1.
우리가 요한계시록을 보아야 하는 이유

신이 낙원-부활 시스템을 만든 후에 인간에게 명령하신 것이 바로 문화 명령이죠. 그 문화 명령이라는 것은 바로 육체적인 명령, 다시 말하면 과학적인 명령입니다. 즉, 과학 발전을 통해 육체적인 영생을 이루고 이 우주를 정복하라는 것이었죠. 인간의 과학 발전 전에 신이 우리에게 주신 영생 시스템이 바로 낙원-부활 시스템이었으니까요.

우리는 신에 대해서 생각할 때 지극히 관념적이고 비물질적인 존재로 생각하는데 이것은 아주 잘못된 생각입니다. 신은 지극히 물질적인 존재(?)입니다. 왜냐하면 이 세상 만물을 모두 지으신 분이시기 때문입니다. 그리고 심지어 그 안에 깃들어 계신다고 하였습니다. 즉, 우주를 창조하시고 그 물질 안에 계신다는 말입니다.

신은 결코 영혼만을 추구하는 존재가 아니다. 어찌 보면 신의 최종 관심은 자신이 만든 이 우주 만물까지였다. 이것은 우주를 창조하셨고 인간의 영혼까지 창조하신 이가 가지는 당연한 권리이다. 하지만 인간의 잘못을 보상하기 위해 하나님이 예수로 육화함으로 우주의 물질세계까지 거치신 것이다. 그리고 이제 진정한 물질세계와 인간 영혼의 결합의 시대로 가고 있는 것이다. 이에 대해 묘사해놓은 성경이 바로 요한계시록이다.

특히 우리 기독교인들은 물질적인 부분에 대해서 다소 부정적으로 생각하는 경향이 있습니다. 하지만 그것은 잘못된 생각입니다. 이 우주 만물 물질의 주인이 바로 신이기 때문입니다.

그리고 태초에 인간을 지으신 하나님은 우리에게 명령하십니다. 그것은 영원한 육체적 생명을 이루고 영혼과 육체가 영생하는 진정한 삶을 만들어가는 것이었습니다. **즉, 태초에 우리에게 주신 낙원-부활 시스템을 통해서 영혼의 영생을 만들어주신 신이 원래 우리에게 내리신 사명은 영혼의 부활 시스템을 벗어나서 실질적인 육체적인 영생을 이루고, 우리가 사는 땅, 즉 우리가 사는 지구와**

인공지능과 요한계시록 그리고 부활 환생의 비밀

더 나아가서는 우주에 이르기까지 모든 실질적인 물질세계에서 **과학적인 풍요와 정신적인 성숙을 이루라는 것이었습니다.**

그런데 이러한 일 자체는 현재 우리가 하고 있는 일이기도 합니다. 즉, 우리는 신이 제시한 길을 이미 가고 있는 것입니다. 우리는 이미 예수의 부활 사역을 통해 낙원-부활 시스템을 회복하여 그 속에 있습니다. 그리고 인간의 수명이 천 년 시대가 되는 천년왕국을 지나서 드디어 낙원-부활 시스템이 필요가 없어지는 새 하늘과 새 땅에서 살아나가게 될 것입니다.

그것이 바로 요한계시록에서 말하는 새 하늘과 새 땅이 의미하는 시대인 것입니다. 즉, 요한계시록 전체의 주제는 대환란과 천년왕국, 새 하늘과 새 땅으로 가는 과정을 묘사를 하고 있는 것입니다.

요한계시록은 특이한 책입니다. 성경이면서 미래 사회를 예언해주는 책이기 때문입니다. 즉, 단순하게 보면 안 된다는 것입니다. 저는 이 책에서 그동안 요한계시록에 품고 있었던 오해를 풀고 요한계시록을 진정한 미래에 대한 책으로 보고자 합니다. **이 책에서는 되도록이면 너무 종교적인 해석은 지양하고 최대한 과학적인 내용으로 요한계시록을 해석해보고자 합니다.**

2.
요한계시록은 어떤 책인가?

    요한계시록 1장부터 한번 들어가보겠습니다. **요한계시록은 크게 3중 구조로 되어 있다고 보시면 됩니다. 1단계는 대환란에 이르기까지의 과정에 대한 내용이고**(요한계시록 1~19장), **2단계는 천년왕국의 과정**(요한계시록 20장), **3단계는 그 이후에 일어나는 새 하늘과 새 땅의 과정에 대한 내용입니다**(요한계시록 21~22장). 1장부터 5장까지는 서론의 성격으로 쓴 글들입니다. 본격적인 예언 내용은 6장부터 나옵니다. 전체적인 구조는 다음과 같습니다.

    인공지능과 요한계시록 그리고 부활 환생의 비밀

1~19장

먼저 1장에서 19장까지 나오는 대환란까지의 과정을 말씀드리겠습니다. 요한계시록에는 3가지 종류의 재앙이 나타납니다. 그 중 하나는 5~6장에서 나타나는 일곱 인에 대한 내용이고, 두 번째는 8장에서 9장까지 나오는 일곱 나팔 재앙이며, 세 번째 재앙은 16장에 나타나는 일곱 대접 재앙입니다. 그리고 나머지 삽화식으로 나오는 이야기들이 있고, 13장에 나오는 적그리스도와 666 사건과 16장의 아마겟돈 전쟁이 특이하게 기록되어 있습니다. 이것으로 19장까지의 대환란 사건이 정리가 됩니다.

20장

그리고 20장부터는 첫 번째 부활인 천년왕국 이야기와 천년왕국의 또 다른 전쟁 이야기인 곡과 마곡의 전쟁 이야기가 나옵니다. 어찌 보면 진정한 의미에서의 마지막 전쟁 이야기입니다. 우리는 흔히 아마겟돈 전쟁을 인류 최후의 전쟁으로 알고들 있는데 성경에서 거론된 인류 최후의 전쟁은 천년왕국의 끝에 있을 곡과 마곡의 전쟁입니다.

이것만 봐도 천년왕국의 성격이 드러납니다. 즉, 우리는 보통 천년왕국을 예수님이 다스리시는 완벽한 나라로 생각을 하고 더 나아가서는 천국과 동일시하는 분들까지 있는데 실상은 전혀 그렇지 않습니다. 심지어 천년왕국의 끝에는 인류 최후의 전쟁인 곡과 마곡의 전쟁까지 있다고 되어 있습니다. 즉, 천년왕국이 그 자체로 완벽한 천국이 아니며 그다음에 오는 진정한 하나님의 나라, 즉 새 하늘과 새 땅으로 가는 중간 과정이라는 것을 알 수 있습니다. 그리고 최후의 전쟁인 곡과 마곡의 전쟁 이후에 최후의 심판인 두 번째 부활 사건이 일어나게 됩니다.

21~22장

마지막으로 21장부터는 요한계시록 최후의 주제인 새 하늘과 새 땅 사건이 일어납니다. 이 부분이 진정한 하나님 나라의 도래, 즉 천국의 도래라고 볼 수 있습니다.

여러분이 알고 있는 내용과 비슷한가요? 아마 자신이 알던 것과는 많이 다르다고 느끼는 분들이 많으실 것입니다. 사실 기독교인이라고 하더라도 요한계시록을 끝까지 읽어보신 분들은 그리 많지 않으실 겁니다. 첫째는 그 내용이 워낙 이해하기가 어렵고, 또 비유적인 내용이 많아서 그 의미를 제대로 파악하기가 쉽지 않기 때문입니다. 두 번째로는 20세기에 종말론 집단이 일으

인공지능과 요한계시록 그리고 부활 환생의 비밀

킨 여러 가지 문제점에 대해서 회의감을 가지고 보는 분들이 많기 때문이기도 합니다.

전체적인 해석

본 책에서는 지금까지의 구태의연한 요한계시록의 종교적이고 비유적인 해석을 지양하고 철저히 과학적이고 역사적인 해석을 하려 합니다. 그래서 요한계시록의 세 부분을 다음과 같이 해석해나갈 것입니다.

① 요한계시록 1~19장까지 대환란 부분은 나노기술과 인공지능의 발달에 따른 기술적 특이점 시대를 말하는 것입니다.
② 요한계시록 20장에 나오는 천년왕국의 시대는 기술적 특이점 시대 이후 인간 수명 1,000년 시대를 말하는 것입니다.
③ 마지막으로 요한계시록 21~22장에 나오는 새 하늘과 새 땅의 시대는 물질문명을 초월한 진정한 정신문명 시대의 도래를 말하는 것입니다.

이런 순서로 책 내용을 전개해나갈 것입니다. 요한계시록은 사도 요한이 하나님이 미래 사회를 보여주신 것을 종교적인 해석과

계시로 받아쓴 책입니다. 2,000년 전 요한이 수천 년 후에 벌어질 과학기술 문명 발전에 대해서 본 내용을 보고 그것을 그 시대의 사람들이 이해할 수 있는 종교적인 용어로 받아쓴 글입니다.

그래서 그 시대의 사람들도 이해하기가 힘들고 마찬가지로 수천 년 후의 사람들, 즉 우리도 이해하기가 힘든 것이 사실입니다. 우리가 만일 2,000년 전으로 돌아가 지금 시대의 기술 문명이나 문화에 대해 설명을 해야 하는 상황이 온다면 어떨까요? 아마도 요한처럼 그 시대의 상황에 맞는 문화나 기술에 맞추어서 비유나 은유를 들어서 말할 수밖에 없을 것입니다.

예를 들자면 스마트폰이나 비행기에 대해서 어떻게 설명을 하겠습니까? 좀 더 구체적으로는 그 당시의 통신 수단이었던 봉화를 이용해 스마트폰을 설명해야 한다면 어떻게 설명을 하시겠습니까? 새를 비유로 들어서 비행기에 대해서 어떻게 설명을 하시겠습니까? 아마도 직접적으로 설명하는 것보다는 비유를 들어서 그 시대의 사람들이 이해할 수 있는 그 시대의 물건을 통해서 설명하시겠지요.

사도 요한은 자기 시대로부터 수천 년 후에 벌어질 각종 과학기술들과 진보된 문명을 자기 시대의 언어로 표현해야만 했다. 그래서 그것을 자기 시대의 언어로 표현하기 위해 비유적인 표현을 많이 쓴 것이다. 우리도 마찬가지로 다시 조선시대로 가서 스마트폰에 대해서 설명해야 한다면 그렇게 해야 하지 않겠는가?

특히 요한은 같이 신앙생활을 하던 기독교인들에게 메시지를 주고 있는 상황이었습니다. 당연히 종교적인 색채를 띨 수밖에 없는 상황이지요. 하지만 분명한 것은 요한이 본 것은 미래 사회에 벌어질 과학적이고도 객관적인 시대 상황이었습니다.

우리는 흔히 요한계시록을 '저주의 책', '무서운 책'으로만 알고 있는 경우가 많습니다만 실상 요한계시록을 잘 읽어보시면 요한계시록은 '저주의 책'이 아니라 일종의 '미래 사회에 대한 정보와 그에 대한 경고의 책'의 성격을 띠고 있으며 미래 사회에 벌어질 객관적인 사실을 종교적인 은유와 비유로 기록한 책임을 알 수 있습니다. 자, 이제부터 요한계시록이 말하고 있는 미래 사회로 떠나봅시다.

이쯤에서 구글의 상무이사이자 수많은 발명품의 개발로 유명한 20세기 최고의 과학자인 레이 커즈와일에 대해서 먼저 이야기를 하고 넘어가야 할 것 같습니다. 『특이점이 온다』라는 책의 저자이기도 한 레이는 지금은 미래학자로 더 유명합니다. 특히 GNR, 즉 Genetics(유전학), Nanotechnology(나노과학), Robotics(인공지능)을 바탕으로 앞으로 2050년대까지 기술의 폭발적인 발달, 그리고 그 이후 21세기 말까지 일어날 인간 수명의 연장에 대해서 이야기하고 있습니다. 그의 말에 의하면 앞으로의 과학은 인간의 수명을 몇백 년에서 심지어 천 년까지도 연장을 시켜줄 수 있다는, 다소 받아들이기 힘든 주장을 하고 있습니다.

레이 커즈와일은 『특이점이 온다』라는 책에서 2045년이 되면 GNR(Genetics, Nanotech, Robotics) 세 가지 학문이 극도로 발전이 되어 모든 과학기술이 산업혁명의 정도가 아니라 특이점에 이르는 정도로 발달이 되어 인간의 수명이 급격하게 늘어날 것이라고 말하고 있다. 심지어 그는 인간의 수명이 극단적으로는 영생에 이를 수도 있다고 주장하고 있다. 1948년생인 그는 이를 위해 2045년까지 자기의 건강을 지키기 위해 하루에 영양제 150알을 먹을 정도로 열과 성을 다하고 있으며 이 사실을 일반인들에게 전파하기 위해 노력하고 있다.

인공지능과 요한계시록 그리고 부활 환생의 비밀

특이점이라는 말은 블랙홀 이론에서 따온 것입니다. 블랙홀 이론에서 말하는 특이점이라는 말은 쉽게 말하자면 사건이나 사물이 블랙홀 안에서 특이한 점에 이르면 갑자기 사라져서 웜홀로 나가서 다른 공간으로 사라져버리는 상태의 특이한 점을 말하는 것입니다. 즉, 시공을 초월해버리는 상태를 의미하죠. 특이점이라는 상태는 그만큼 엄청난 변화를 의미하는 말입니다.

더 쉽게 말해보겠습니다. 특이점이라는 말은 다른 말로 하자면 산꼭대기를 의미하는 것입니다. 2045년이 되면 각계각층의 과학기술이 극단적으로 발전을 이루게 되어 산꼭대기에서 만나게 된다는 것입니다.

특이점이란 쉽게 말하자면 여러 등산로를 거쳐 이르는 산꼭대기와도 같은 것이다. 그 여러 등산로가 바로 GNR(Genetics, Nanotech, Robotics) 세 가지 학문이다. 그리고 이 세 가지 학문이 극단적으로 발달한 상태에 이르면 이 셋이 산꼭대기에서 만나게 되어 기술적 특이점에 이르는 결과를 만들어낸다는 것이다.

이는 마치 합기도, 태권도, 유도 등등의 모든 무술을 섭렵한 사람이 무도의 달인처럼 되는 것을 의미합니다. 1+1+1은 3이 아니라 7이나 8이 되는 원리가 바로 특이점의 원리입니다.

그런데 여기에서 재미있는 사실이 하나 발견됩니다. 그의 책 내용을 가만히 살펴보면 그가 말한 과학의 발전 과정이 요한계시록의 3단계와 비슷해 보인다는 점입니다.

먼저 1단계의 발전은 나노기술과 인공지능의 극단적인 발전이 일어나기 시작하는 기술적 특이점 사건입니다. 레이는 기술적 특이점의 시간을 2045년으로 보고 있습니다.

이 시기에 대해서 레이는 기술적 특이점이라는 용어를 쓰고 있습니다. 특이점이라는 용어는 매우 독특해 보이죠? 사실 아주 독특한 용어입니다. 그렇다면 레이는 왜 산업혁명이라는 용어를 안 쓰고 특이점이라는 말을 썼을까요? 그 이유는 특이점이라는 상황이 산업혁명과는 비교가 안 될 정도의 비약적인 발전을 의미하는 말이기 때문이라고 합니다. 무슨 말이냐고요?

사실 일반적으로는 공업이나 산업이 엄청나게 비약적으로 발전할 때 쓰는 용어가 산업혁명이라는 말인데 그 말을 안 쓰고 따로 특이점이라는 말을 쓴 이유는 특이점이라는 상황을 산업혁명이라고 표현하기에는 너무 빈약한 표현 정도이기 때문입니다.

그 정도로 특이점이라는 상황은 비약적인 발전 상황을 묘사하는 말입니다. 물이 끓어서 수증기가 되는 비약적인 상황을 산업혁명으로 비유를 하자면, 특이점이라는 상황은 물이 물이 아니라

고양이로 변한다 정도의 질적 변화를 의미하는 것입니다. 즉, 사물의 본질이 아예 바뀌어버린다는 말입니다.

산업혁명이 마치 물이 끓어서 수증기로 변화하는 정도의 현상이라고 한다면 특이점이라는 것은 물이 끓어서 수증기가 되는 것이 아니라 고양이가 되어버리는 정도의 변화를 말하는 것이다. 즉, 산업혁명이 물이 수증기가 되는 정도의 질적 변화를 말한다면 특이점은 물이 고양이로 변화해버리는 것같이 아예 본질이 변해버리는 것을 말한다.

그런데 그 과정에서 미래학자들이 걱정하는 게 있습니다. 바로 인공지능의 발달이 가져올 대량 실업 등의 사회 혼란 사태입니다. 즉, 엄청난 사회적 혼란이 올 거라는 것입니다. 이는 대부분의 미래학자들이 동의하는 내용입니다. 미래 사회에 대한 영화를 보면 어떻습니까? 특히 인공지능에 대한 영화는 더 어둡죠. 대부분 기계 인공지능이 인간을 탄압하는 내용이 주류를 이르고 있습니다. 이러한 현상을 요한계시록에서는 대환란으로 묘사를 하고 있습니다.

그리고 2단계의 발전에 대해서는 인간의 수명이 천 년 정도로 연장되는 시기가 온다고 말하고 있습니다. 이것이 우리가 사는 21세기

내에 이루어질지, 22세기에 이루어질지는 모르지만 현재 과학기술의 발달 속도로 볼 때 향후 백 년 이내에 이러한 일이 이루어질 것이라는 데는 레이 커즈와일뿐만 아니라 대부분의 미래학자들이 공통적으로 찬성하고 있습니다.

여러분은 이 부분에서 어떤 생각이 드십니까? 천년왕국이 생각나지 않으십니까? 네, 맞습니다. 요한계시록에서 말하는 천년왕국은 과학적인 시각으로 말하자면 인간 수명 천 년의 시대를 말합니다.

우리는 흔히들 천년왕국이 천국이라고 생각하는 경우가 많은데요. 성경상으로도 천년왕국은 천국이 아닙니다. 왜냐하면 요한계시록 20장에 묘사되어 있는 천년왕국의 끝에 속칭 '곡과 마곡의 전쟁'이 벌어지게 되기 때문입니다. 대부분의 기독교인들은

요한계시록의 두 번째 내용으로 '아마겟돈 전쟁' 후에 오는 천년왕국은 결코 진정한 천국이 아니다. 인류의 진짜 마지막 전쟁인 '곡과 마곡의 전쟁'이 남아 있기 때문이다.

인공지능과 요한계시록 그리고 부활 환생의 비밀

요한계시록 16장에 나와 있는 아마겟돈 전쟁이 마지막 전쟁이라고들 알고 있지만 그것은 잘못 알고 있는 것입니다. 아마겟돈 전쟁이 일어난 후에 오는 천년왕국의 끝에 다시 또 마지막 전쟁이 일어나야 한다면 그곳이 천국이라고 말할 수는 없을 것이기 때입니다. 분명 지금보다 더 나은 사회이기는 하겠지만 천국은 아니라는 거죠.

3단계로 오는 진정한 천국은 천년왕국 뒤에 오는 새 하늘과 새 땅을 말합니다.

그렇다면 이러한 3단계 시기에 대해서 좀 더 자세히 알아보도록 하겠습니다. 먼저 1단계인 기술적 특이점 시기부터 알아보도록 하겠습니다.

3.
1단계:
발전하는 과학기술과 인공지능에 의한
기술적 특이점의 도래, 2045년의 비밀

기술적 특이점이란 지금 발전하고 있는 인공지능이 지구상에 있는 모든 인간들의 지능을 뛰어넘는 시기를 말합니다. 인공지능의 속도는 지금 거의 기하급수적으로 발전하고 있습니다.

그런데 여기에서 우리가 하나 알고 가야 할 것이 있습니다. 산술급수적으로 발전하는 것은 오히려 우리가 인식하기 쉽습니다. 시간의 흐름에 따라서 그것이 발전하는 것을 정확히 볼 수가 있기 때문입니다.

하지만 기하급수적으로 증가하는 것은 처음에는 오히려 알 수가 없습니다. 처음에는 바닥에 쫙 깔려 있기 때문이죠. 하지만 일단 증가하기 시작하면 걷잡을 수가 없이 증가한다는 것이 그 특징입니다.

인공지능과 요한계시록 그리고 부활 환생의 비밀

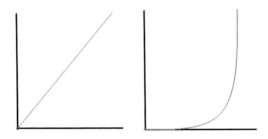

산술급수적 발전과 기하급수적 발전의 차이는 무엇일까? 그것은 유한과 무한의 차이가 될 것이다. 인류의 기술, 특히 인공지능이 기하급수적으로 발전할 것이다. 그리고 2045년 정도가 되면 지구 전체 인간들의 지능을 넘어설 것이다. 바로 그것이 기술적 특이점인 것이다.

　현재 거의 모든 과학자들이 기술적 특이점의 시기가 대략 2045년경 정도 될 것으로 예상을 하고 있습니다. 그렇다면 기술적 특이점 이후의 미래 사회는 유토피아일까요? 아니면 디스토피아일까요?

　성경에서는 이 기술적 특이점으로 인해 촉발될 것으로 보이는 1차 대환란 시대(인간의 실업 시대)와 2차 천년왕국 사이에 세계적인 전쟁이나 기근, 혹은 기후변화 등의 큰 자연재해가 있을 것임을 예언하고 있습니다. 하지만 그것은 모두 비유적인 표현으로 되어 있으므로 구체적으로 어떠한 형태로 나타나게 될 것인지는 정확히 알 수가 없습니다.

　즉, 요한계시록에서 말하는 대환란 시대라는 것은 일시적인 현상으로서 나타나는, 인간과 인공지능이 공존하게 되는 기간 사이의 사회 환란 상황을 말하는 것입니다.

　요한은 이 부분을 비유적으로 해석을 한 것입니다. 실제로 하늘의 별이 떨어지고 피가 쏟아진다는 말이 아니라는 것이죠. 우리는 이 부분을 너무 사실적으로만 인식해왔기 때문에 요한계시록을 제대로 보지를 못한 것입니다.

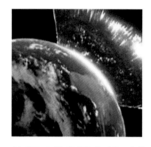 

실제로 요한계시록에 나온 여러 가지 우주적 변화와 지질적 변화 사건들은 모두 비유적인 표현이다. 인공지능과 인간이 공존하게 되면서 나타날 수밖에 없는, 인간 사회에서 일어날 여러 가지 혼돈 상황을 2,000년 전 사도 요한의 눈으로 비유와 은유를 이용해서 묘사한 것이다.

　향후 발전될 인공지능은 그 끝이 예상이 되지 않을 정도로 무한히 발전될 것입니다. 우리가 어렸을 때부터 만화나 영화로 수없이 보아온 인공지능이 현실로 다가온 것이죠. 하지만 지금 우리가 처한 현실은 훨씬 더 가혹(?)합니다. 이 말이 무슨 말이냐면 인공지능의 발전 속도가 훨씬 빨라지고 있으며 우리는 지금 그 결과를 상상하기가 힘들 정도가 되어가고 있다는 것입니다. 즉,

인공지능과 요한계시록 그리고 부활 환생의 비밀

인공지능은 우리들이 지금까지 막연하게 생각했던 것보다 훨씬 더 발전하고 있으며 더 빠른 시간에 우리의 삶에 침투하게 될 것입니다.

현재의 인공지능은 그 발전의 속도가 놀랍게 증가하고 있다. 일부 미래학자 중에서는 그 발전의 속도가 너무 빨라 인간을 위협하는 인류의 큰 재앙이 될 것이라고 걱정하고 있는 사람들이 있을 정도이다.

즉, 지금 현재의 속도로 인공지능이 발달하게 된다면 우리가 생각했던 시기보다 훨씬 더 빠른 시간 안에 인간을 초월하는 인공지능이 나올 것이며 심지어 향후 수십 년 내에는 인간의 지능을 수조 배 정도 추월하는 인공지능이 나오게 될 것이라고 합니다. 더 문제가 될 수 있는 것은, 이 인공지능의 발전 정도가 과연 어느 정도가 될 것인지 예상하기가 점점 힘들어지고 있다는 데 있습니다.

가장 현실감 있게 다가오는 표현을 쓰자면 인공지능은 우리가 생각했던 것보다 훨씬 더 빠른 시간 내에 우리의 거의 모든 직업을 빼앗아(?) 가게 될 것입니다. 인간은 자기의 직업을 빼앗아 간

인공지능에 밀려 실업자로 전락을 하게 되며 인간의 경제적, 사회적 지위를 잃게 됨으로써 인간의 기본권마저 위협을 받게 되는 시대가 현실화되고 있는 것입니다.

아마도 머지않은 미래 사회에는 사회 구조의 계층이 인공지능을 소유한 자본가 집단과 그것을 소유하지 못한 비자본가 집단으로 나뉘게 될 것이라는 생각도 해볼 수 있습니다. 처음에는 그렇게 심각하게 생각하지 못했던 인간의 실업 문제들이 점점 더 심해질 것이며, 인류 사회에서는 기계들과 투쟁을 해야만 살아남을 수 있는 비참한 상황에 처하게 된 자기 자신을 바라보게 될지도 모릅니다.

대부분의 미래 영화에 나오는 인공지능과의 전쟁은 실제 상황이 될 수도 있다.

마치 매트릭스라는 영화에 나온 어두운 미래처럼 인류가 기계의 지배를 받게 될 수도 있다는 사실이 현실로 다가오고 있는 것입니다. 이제는 더 이상 공상과학적인 것이 아니라 우리의 현실 문제가 되어가고 있는 것입니다. 문제는 그 시간이 다가오면 다

인공지능과 요한계시록 그리고 부활 환생의 비밀

가올수록 인공지능의 능력이 더 커지고 있으며, 지금 현재의 예상으로도 그 한계를 알기가 더 힘들어지고 있다는 것입니다.

앞에서도 수차례 말씀드린 바 있지만, 요한계시록을 비롯한 성경의 예언서들은 선지자들이 미래 사회를 바라본 것입니다. 신앙적인 수식어들이 많이 들어가 있기는 하지만 이러한 신앙적인 수식어들을 거둬내고 보면 과학적인 사실들이 예언되어 있는 것입니다. 우리는 그것을 볼 줄 알아야 한다고 했습니다.

사도 요한은 극한의 종교적 흥분 속에서 우리의 미래 사회를 보고, 그것이 정확히 무엇인지는 모른 채 종교적 감흥 속에서 미래 사회에 대해 자기 자신이 살던 시대의 언어로 예언을 한 것입니다.

요한계시록에 나온 미래 사회에 대한 설명들은 사도 요한이 종교적인 분위기에 휩싸인 채 모든 것을 종교적으로 해석을 한 것이라서 그렇지, 실제로는 과학적인 상황을 묘사한 것이다.

그래서 요한계시록을 종교적 차원에서 해석하시는 분들은 그 내용을 참조하면 되겠고, 저처럼 과학적으로 보고자 하시는 분들은 과학적인 부분을 더 염두에 두고 보시면 될 것 같습니다.

그런데 우리가 여기에서 반드시 짚고 넘어가야 할 점이 있다고 했습니다. 종말 시대의 시작점이 1948년에 독립한 이스라엘과 밀접한 연관이 있다는 것입니다. 1948년의 이스라엘 독립 사건은 20세기 후반에 발생한 수많은 종말론의 시작점이 되었다고 했습니다.

즉, 20세기 후반에 전 세계에 걸쳐 일어난 수많은 종말론은 여기에서 시작이 되었다고 봐도 과언이 아닙니다. 20세기 말에는 종말론 때문에 참으로 문제가 많이 일어났었지요. 그 이유는 종말론을 주장하던 사람들 대부분 성경의 해석을 잘못하거나, 너무 비과학적인 해석, 그리고 일부 사람들의 비뚤어진 양심 등으로 인해 벌어진 일들이었습니다.

1900년대 말은 그야말로 종말론의 전성기(?)였다. 1945년 이스라엘 독립으로 야기된 종말론 논쟁은 전 세계적인 종말 사상을 퍼뜨리게 된다. 이로 인해 수많은 사이비 종교들이 만들어지게 되어 각종 사회적인 부작용을 일으키게 된 나머지 진정으로 중요한 종말론 사상이 외면받게 되는 결과를 낳게 되었다. 그럼에도 불구하고 1948년의 이스라엘 독립 사건은 아주 중요하다. 성경에서는 이스라엘이 두 번째 나라를 회복하는 순간부터 인류 역사의 종말이 시작된다고 분명히 말하고 있기 때문이다.

인공지능과 요한계시록 그리고 부활 환생의 비밀

그럼에도 불구하고 제가 여기서 말씀드리고 싶은 것은, 1948년의 이스라엘 독립 사건은 기독교적 종말론의 시작점으로 굉장히 유효하다는 것입니다. 즉, 아무리 20세기 말의 종말론이 잘못된 판단과 인간의 욕심으로 인해 많은 문제점을 가지고 있다고 해도 그런 문제점들이 종말의 시계를 늦추는 것은 아니라는 말입니다.

성경에서는 분명히 이스라엘이 나라를 잃게 될 것이며 만일 그 땅을 다시 회복하여 살게 되면 인류 역사의 종말이 시작된다고 확실하게 이야기하고 있습니다(에스겔 선지서 37장과 38장). 빅뱅에서 기적 같은 우주의 탄생이 시작되었듯이 종말의 시계는 여전히 유효하다는 것입니다. 즉, 신의 스케줄은 그대로 흘러가기 때문입니다.

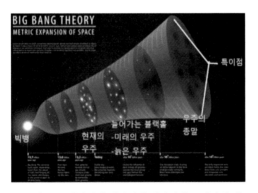

현재 우주론에 따르면 우주는 빅뱅에서 시작되어 팽창해가고 있지만 약 1조 년 후에는 우주가 극단적으로 팽창되고 심지어 원자 사이의 거리까지 멀어지게 되어 우주의 물질이 소멸한다고 한다. 아니면 우주가 계속 팽창을 하다가 어느 순간 팽창을 멈추게 된 후 수축하기 시작하여 결국은 극단적인 수축, 즉 빅 크런치(충돌의 의미)를 일으키게 되어 역시 결과적으로는 우주가 소멸한다고 한다. 결국 우주는 어떠한 식으로든 소멸하게 되어 있다. 이는 우주가 순환적이 아니라 직선적인 역사를 가지고 있음을 보여주고 있다.

종말의 시대는 크게 3가지로 나눌 수가 있다고 했습니다. 첫 번째는 대환란기, 두 번째는 일종의 세미 유토피아에 가까운 천년 왕국, 세 번째는 진정한 유토피아인 새 하늘과 새 땅입니다.

종말의 시대는 끝을 이야기하는 것이 아니다. 새로운 시작을 이야기하는 것이다. 단지 그 시작점에서 대환란이라는 다소의 진통(?)을 이야기하고 있다. 자꾸 말하지만 요한계시록 은 사도 요한이 묵상 중에 미래 사회의 과학적인 역사 상황에 대해서 본 것을 쓴 것이다. 요 한계시록을 끝까지 읽어보기를 권한다. 요한계시록에서 최종적으로 이야기하고자 하는 것 은, 인간의 수명이 천 년으로 연장되는 천년왕국과 그 이후 인간의 수명이 무한히 늘어나 는 새 하늘과 새 땅에 대해서 이야기하고 있다.

간단하게 이 세 시기를 요약해보자면, 2100년대에 이르기까지 21세기의 어느 시점인가에 기술적 특이점에 이르게 되면 인공지능이 지구상 모든 인간들의 지능의 합보다 더 큰 능력을 발휘하게 되는 기술적 특이점이 도래하게 될 것입니다. 그런데 더 큰 문제들은 그다음부터 본격적으로 발생을 할 거라고 했죠? 이때부터는 인공지능의 발달 속도가 우리가 상상한 것 이상으로 발달하게 될 것이기 때문입니다.

좀 심하게 말을 하자면 그 뒤의 1년 안에는 지구상 인간의 지능보다 1조 배, 10조 배, 그리고 100조 배, 또 몇 달 후에는 그의 1,000조 배와 같은 식으로 발전해나갈 것입니다. 왜냐하면 기술적 특이점이 지난 후에는 기계 자체가 기계를 개발해내는 시스템이 만들어지게 되어버리기 때문입니다.

즉, 기하급수적인 개념이 도입된다는 것입니다. 지수함수의 특징은 처음에는 별 반응을 보이지 않다가 한번 반응을 보이기 시작하면 나중에는 그것을 감당하기가 힘들어지도록 스스로 발전한다는 데 있습니다. 좀 무서울 정도입니다. 그런데 그것이 단순한 것이 아니고 지능이 그렇게 발전한다는 겁니다.

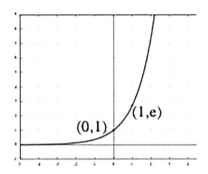

지수함수적인 증가라는 것은 말 그대로 천문학적인 증가를 일으키는 것이다. 인공지능에 대해서 두려워하는 것도 바로 인공지능의 이러한 엄청난 능력 때문이다. 사실 인공지능이 극단적으로 발전하게 되면 기계에 의한 기계의 발명까지도 가능할 것으로 보인다. 1년 사시사철 쉬지도 않는 기계 인공지능이 자신과 똑같은 기계 인공지능을 만들어내고 그러한 현상이 지속적으로 일어난다면 인간들이 그것을 제어할 수 없을 지경에 이를 수 있다는 것이다.

기계에 의한 기계의 개발이라는 개념은 실로 무서운 개념입니다. 즉, 1년 365일 일분일초도 쉬지 않는 기계가 똑같은 방식으로 일을 하는 기계를 개발해나가는 것이기 때문입니다.

우리가 지금까지 기계에게 얻은 유익은 그 기계의 성실함(?), 즉 자동화의 개념 때문이었습니다. 그 기계들이 우리보다 머리가 더 좋은 것은 아니었죠? 그래서 기계를 씀에 있어서 부담이 있지는 않았습니다. 그들에게 필요한 에너지만 공급해주면 되었기 때문입니다.

기존의 기계들은 단순 반복적인 업무만을 수행했으므로 우리에게 위협이 되지는 않았다. 하지만 인공지능은 단순히 기계적인 일만 하는 것이 아니라 인간의 지능을 넘어선 존재이므로 우리가 두려워하는 것이다.

하지만 인공지능은 그 양상이 전혀 다릅니다. 지능에 관한 문제이기 때문입니다. 인간이 지금까지 누려왔던 지능의 이점과 권력, 힘 이러한 것들이 자칫하면 그것을 소유하게 되는 기계 인공지능이나 인공지능을 소유한 집단에게 넘어갈 수 있다는 것입니다.

인공지능과 요한계시록 그리고 부활 환생의 비밀

원래 인간은 태초에 신으로부터 문화사명을 받았습니다. 즉, 생육하고 번성하여 땅에 충만하게 되고 그 땅을 개발하라는 명령입니다. 그리고 이 땅이라는 의미는 꼭 지구에 한하지는 않았을 것입니다. 즉, 전 우주가 그 대상이었을 것이라는 거죠. 물론 그 사명의 핵심에는 과학의 발전이 있었습니다.

태초에 인간이 부여받은 문화사명은 단순히 지구에만 해당된 것은 아니었다. 전 우주적인 사명이었던 것이다. 그러므로 인간에게 영생의 특권을 준 것이다.

태초에 신이 인간에게 준 원형의 문화사명에는 정신적인, 영적인 성숙의 부분이 필요가 없었을 것입니다. 왜냐하면 인간의 영과 정신이 완벽한 상태에 있었기 때문이었습니다. 하지만 한번 타락을 경험한 인간 사회의 궁극적인 목표는 인간의 영과 정신의 회복이 목표가 되게 되었습니다. 지금은 인간의 정신과 영혼이 원형의 삶에서 벗어난 상태이기 때문입니다.

원래 인류 역사의 진행은 온전한 정신과 영혼을 지닌 인간이 서로

서로 사랑하고 위하며 우주의 문명을 발전시키는 것이 목표였는데 그 방향을 상실하고 온갖 전쟁과 모략, 악덕의 역사를 만들어가며 불행한 역사를 만들어온 것이었습니다.

마치 탕자가 정해진 부잣집 아들로서의 풍요한 삶을 버리고 다른 도시에 가서 부모에게 받은 돈(온전한 영혼)을 흥청망청 다 써버리고 거지로서 살다가 다시 부모에게 찾아왔듯이 인간의 삶도 이제 다른 도시의 고생스러운 삶을 처분하고 고향에 있는 부모의 집(온전한 정신 문명의 세계, 새 하늘과 새 땅)에 다시 돌아가고 있는 것이라고 보시면 되겠습니다.

인간의 역사는 마치 돌아온 탕자처럼 집에 머무르지 않고 밖에 나갔다가 다시 돌아온 탕자와 같다. 이제 미래 사회는 인류의 역사를 다시 되돌려 원래 우리의 역사 상태로 돌아가는 것이다.

그런데 우리가 여기서 한 가지 확실하게 짚고 넘어가야 할 것

인공지능과 요한계시록 그리고 부활 환생의 비밀

은, 탕자가 길을 헤매기는 하였으나 그가 아버지의 집에 다시 찾아가는 여정은 변함이 없었다는 것입니다. 즉, 인류도 처음에 받은 문화 명령의 길을 잃고 헤매기는 하였으나 그렇다고 해서 그 문화 명령 여정의 방향이 바뀐 것은 아니라는 말입니다. 즉, 인류 사회는 그 길을 향해서 다시 꾸준히 그 길을 가고 있다는 것이죠.

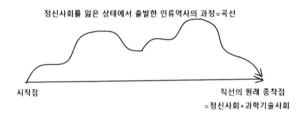

인간의 역사는 처음에 잘못된 길로 접어들게 되었지만 예수의 구속 사역과 부활-환생 사역으로 인해 본궤도에 접어들게 되었고 이제 그 끝을 향해서 달려가고 있다.

다시 본론으로 돌아가서, 그러한 면에서 본다면 향후 세계는 1차 기술적 특이점 후에 오는 대환란 시대를 거쳐 세미 유토피아인 천년왕국, 그리고 최후의 영적, 정신적 세계인 새 하늘과 새 땅의 시대로 가는 과정 중에 있습니다.

제가 왜 천년왕국을 세미 유토피아라고 표현을 했냐면요, 이 시대가 완벽한 시대가 아니기 때문입니다. 대부분의 기독교인들은 이 말을 들으면 대부분 고개를 갸우뚱거리실 겁니다. 천년왕국? 그거 대환란 후에 찾아오는, 새 하늘과 새 땅 같은 완전한 천국 아니야? 하고 생각하실 것이기 때문입니다.

앞에서도 말씀드린 바 있지만 성경을 잘 읽어보시면 천년왕국과 새 하늘과 새 땅은 명백히 구분이 되어 있습니다. 심지어 천년왕국의 끝에는 '곡과 마곡의 전쟁'이라는 마지막 전쟁까지 치러지게 됩니다.

일반적으로 성경상에 나타난 인류 최후의 전쟁은 대환란 때 일어나는 아마겟돈 전쟁이라고 알려져 있습니다. 하지만 성경을 자세히 읽어보시면 인류 최후의 전쟁은 요한계시록 20장 7~9절에 나타나 있는 곡과 마곡의 전쟁입니다. 이때는 천년왕국 시대 끝즈음의 시기로 묘사가 되고 있습니다. 이러한 시기를 진정한 유토피아의 시대라고 말하기는 힘들겠지요?

요한계시록의 두 번째 단계인 천년왕국은 진정한 유토피아가 아니다. 정확히 말하자면 세미 유토피아 정도라고 생각하면 된다. 기술적 특이점 후에 오는, 고도로 발달한 과학 문명 사회이기는 하지만 '곡과 마곡의 전쟁'이라는 인류 최후의 전쟁이 아직 남아 있어 어느 정도는 불완전한 사회이기 때문이다.

인공지능과 요한계시록 그리고 부활 환생의 비밀

물론 천년왕국 시대가 되면 인간의 수명이 1,000년으로 연장되는 등 과학기술이 극도로 발달하는 시대가 되기 때문에 거의 지상낙원에 가까운 시대가 될 것입니다. 하지만 그럼에도 불구하고 그 시기도 완전한 정신문명의 시대가 아닌 물질문명 시대의 연장선상에 있는 시대이기 때문에 천년왕국은 일종의 과도기라고 보는 것이 맞습니다.

이제부터는 앞으로 대환란과 천년왕국, 그리고 새 하늘과 새 땅 등 각각의 상황에 대해서 벌어질 수 있는 여러 가지 일에 대해서 좀 더 구체적으로 이야기해보고자 합니다. 요한계시록은 2,000년 전에 사도 요한에 의해서 쓰인 책입니다. 그래서 많은 종교적 용어들이 들어가 있다고 했습니다.

하지만 이 모든 것들을 감안한다고 해도 놀라운 것은, 이러한 미래 사회에 대한 모든 순서들을 정확히 지켜서 이야기하고 있다는 것입니다. 대부분의 기독교인들은 요한계시록을 잘 읽지 않습니다. 그 이유는 다들 잘 알다시피 20세기 후반의 이스라엘 독립 사건으로 인해 우후죽순 생겨난 수많은 종말론 이단들 때문입니다.

그리고 그 폐해들로 인해 교회 자체에서 요한계시록을 멀리하는 분위기가 팽배하게 되었죠. 또한 읽어보신 분들이 있다 하더라도 요한계시록 자체가 매우 난해한 구절이 많기 때문에 대부분 천년왕국이 오게 되면 이 세상이 끝나는 것으로만 아시는 분들이 많습니다. 하지만 요한계시록을 잘 읽어보시면 위에서 말한 3중

구조가 명확히 나와 있습니다. 즉, 현대적으로 말하자면 이런 식입니다. 다시 한번 정리하고 넘어가봅시다.

① 인공지능이 인간의 지능을 앞서기 시작하는 과학기술적 특이점(2045년으로 예상)을 동반한 대환란의 발생, 인간들의 실업 시대, 즉 경제적 무능의 시대

② 대환란에서 이긴 인류가 과학기술적 완성을 통해 인간 사회가 물질 사회에서 벗어나 정신적 완성 사회로 가는 중의 과도기 사회로서의 세미 유토피아 시대, 즉 천년왕국, 인간 수명 1,000년 시대

③ 인간이 물질적 상태에서 벗어나 인간 본연의 영적, 정신적 사랑을 실천하게 되는 진정한 유토피아의 시대, 새 하늘과 새 땅

이 세 가지의 과정을 명확히 보여주고 있다는 것입니다. 저는 지금 그중에서 첫 번째 시대에 대해서 이야기하고 있습니다. 지금 여러분들도 다 아시다시피 인공지능은 우리 사회의 가장 두드러진 화두가 되고 있습니다. 하지만 문제는 위에서 수차례 말씀드렸다시피 그 인공지능의 발전 속도가 어마어마하게 빠르다는

것입니다. 즉, 인간들이 기계 인공지능의 발전 속도에 적응하기가 힘들 정도의 빠른 속도로 발전한다는 것이죠. 이는 마치 인간 지능의 발달 속도가 개미의 속도라면 인공지능의 발달 속도는 우주로 나아가는 우주선의 속도보다 더 빠르다는 것을 뜻합니다.

인간의 과학 발전의 속도가 개미 발걸음 정도의 속도라면 기술적 특이점을 통과한 인공지능의 발달 속도는 마치 우주선의 속도와도 같다. 그리고 더 문제는 이 속도의 차이가 시간이 갈수록 기하급수적으로 차이가 난다는 것이다.

최근에 우리 사회에서 수십 년에 걸쳐서 인공지능 이야기를 해오고 있는데 아직까지는 우리가 피부로는 못 느끼는 것 같습니다. 하지만 우리가 감기에 걸릴 때 처음에는 증상이 없다가 어느 날 갑자기 증상을 느끼는 것처럼 인공지능도 어느 순간 우리의 삶에 갑자기 훅 하고 들어오는 순간이 올 것입니다.

즉, 바이러스가 일정 수에 이를 때까지 끊임없이 자기 자신을 복제하는 것처럼 인공지능도 자기 자신을 끊임없이 발전시키고 있기 때문입니다. 그리고 어느 순간 기술적 특이점에 이르게 되면 거짓말처럼 우리에게 확 다가오게 되는 것입니다.

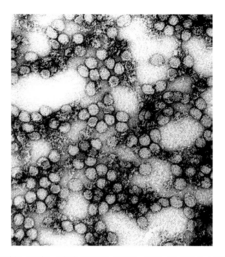

기하급수적으로 숫자를 늘리는 가장 간단한 사례는 바로 바이러스 증식이다. 처음에는 1개였던 숫자가 2, 4, 8까지 가는 데는 시간이 좀 걸리지만 이것도 증식의 특이점(?)을 통과하면 10억, 100억이 되는 것은 시간이 거의 걸리지 않는다. 그처럼 인공지능의 발전 속도는 기하급수적으로 빨라질 것이다.

    그런데 이 인공지능은 우리가 지금까지 겪어왔던 어느 기계문명과는 다른 모습으로 우리에게 다가오게 될 것입니다. 지금까지 어떠한 기계도 인간보다 똑똑하지는 않았습니다. 우리 인간의 일을 도와주는 조력자의 개념이었죠. 하지만 인공지능은 그 개념 자체가 지능입니다. 지능을 목표로 한다는 점에서 그전의 단순한 기계와는 근본적으로 다릅니다.

    기술적 특이점이라는 의미는 인공지능이 인간의 지능을 앞지르게 되는 시기를 말한다고 했습니다. 하지만 더 큰 문제는 그 이후입니다. 인공지능이 한번 인간의 지능을 앞서게 되면 그 이후는 상상하기가 힘들어진다는 것입니다. 그 이유는 기계의 자동성, 복제성 때문입니다.

1800년대의 산업혁명을 생각해봅시다. 그 당시에 발명된 방적 기계는 그 당시 사람들에게 또 다른 의미의 인공지능이었습니다. 그 전에 옷감을 짜기 위해서는 사람들이 일일이 그 일을 해야 했는데 새롭게 발명된 방적 기계는 그 일을 혼자 알아서 하는 시스템을 보여주었죠.

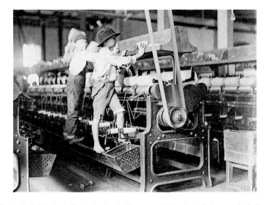

1차 산업혁명 당시의 주역이었던 방적 기계는 또 다른 의미에서 그 시대의 인공지능 같은 것이었다. 그 기계는 그 당시의 사람들이 생각할 수 없을 만큼의 작업량을 해내었다. 1년 365일 자지도 않고 먹지도 않고 옷감을 찍어내는 방적 기계야말로 그 당시의 인공지능과 같은 존재였다. 하지만 우리 시대에 맞닥뜨릴 인공지능은 자지도 않고 먹지도 않고 생산해낼 뿐만 아니라 생각을 한다는 것이다.

그것을 본 그 시대 사람들은 그야말로 경악을 금치 못했을 것입니다. 24시간 내내 쉬지도 않고 자동으로 계속 옷감을 찍어내는 기계의 힘을요! 그와 마찬가지로 인공지능은 이와는 비교도 안 될 정도의 힘을 보여줄 것입니다. 1800년대에 방적 기계가 그 시대 사람들의 손을 대신해서 24시간 일을 했듯이 인공지능은 우리를 대신해서 일을 해낼 것입니다. 그런데 인공지능의 무서운 힘은 우리의 손을 대신해서 일을 하는 것이 아니고 우리의 머리를 대신해서 일을 한다는 데 있습니다.

우리는 경험을 통해서 이미 우리 인간들이 가지고 있는 지능의 무서움을 알고 있습니다. 지구상에서 육체적 조건이 가장 안 좋고 양육 기간이 약 10~20년 걸리는 보잘것없는 인간이 지구 최대 포식자의 위치에 오른 것은 순전히 지능의 힘이었습니다. 그런데 인공지능은 그러한 인간의 지능을 뛰어넘을 뿐만 아니라 훨씬 더 추월을 한다고 합니다. 더구나 기계에 의한 기계의 개발까지 이어진다면 그 후에는 상상할 수 없을 정도의 지능이 만들어질 수 있다는 것이 더 무서운 사실이죠.

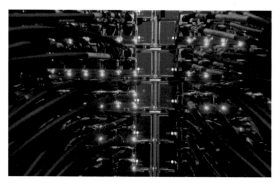

인공지능은 생각을 한다는 점에서 1800년대의 방적 기계를 비롯하여 특이점 이전의 기계와는 비교가 되지 않을 것이다. 특히 생각하는 기계에 의한 생각하는 기계의 탄생까지 시간도 얼마 걸리지 않을 것이다.

인공지능과 요한계시록 그리고 부활 환생의 비밀

우리가 인공지능에 대해서 가장 두려워하는 것 중의 하나가 기계의 감정 문제이다. 지능이 발달하게 되면 감정이 생기는 것은 어찌 보면 자연스러운 일이다. 더구나 인간의 지능을 훨씬 뛰어넘을 정도의 인공지능이라면 감정을 가지는 것은 당연히 시간문제일 것이다. 그 중에서도 가장 두려워하는 것이 기계의 권력 욕심이다. 즉, 왕이 되려고 하는 인간의 본성처럼 기계도 인간의 위에 군림하려고 하는 권력 욕심을 가지지 않을까 하는 우려심이 강하게 드는 것이다.

또 한 가지의 문제는 감정의 문제입니다. 과연 인공지능은 감정을 가지게 될까요? 이 문제는 거의 1970~1980년대부터 공상 과학 소설이나 영화의 단골 주제가 되어왔는데요, 문제는 인공지능이 인간의 감정을 가져도 문제이고 안 가져도 문제가 된다는 것입니다.

만일 기계가 인간의 감정을 가지게 되면 인간의 감정 중에 제일 문제되는 것, 즉 높이 올라가려고 하는 권력 욕심이 문제가 될 수 있습니다. 우리는 지금까지 수천 년 간 인간의 역사를 통해 보아오면서 확실하게 배운 것이 하나 있습니다. 그것은 인간의 욕심이 무한하다는 것이었습니다. 특히 인간의 욕심 중 가장 강한 것이 권력의 욕망입니다.

더구나 인간은 힘을 가지면 가질수록 그 욕심을 배가시키는 이상한 속성이 있었습니다. 참 이상하지요? 그리고 그 욕심 때문에 결국은 낭패를 보는 것도 많이 보아왔습니다. 기계 인공지능은 어떨까요? 그래서 대부분의 인공지능학자들이 초기의 인공지능에 인간의 윤리 의식과 도덕 의식을 심어주어야 한다고 강력히 주장하고 있는 것입니다. 미래학자들은 벌써 이런 것까지 고민하고 있다는 것이 신기할 따름입니다. 그런데 그만큼 인공지능의 문제가 우리 사회에 현실적인 문제가 되어가고 있다는 방증이기도 하죠.

물론 이러한 인공지능이 인간의 감정까지 가기가 쉬운 일은 아닐 것입니다. 하지만 감정을 가지지 않는 것도 문제가 될 수 있습니다. 즉, 감정을 가지면 권력욕을 가지는 것이 문제가 될 수 있으나, 반대로 감정을 가지지 않는다면 동정심을 가지지 않는 것이 문제가 될 수 있습니다. 이는 마치 한 나라의 절대 권력자가 온전한 인성(?)을 갖추지 못할 때 나타나는 현상과도 같습니다. 대부분의 공상과학 영화에서 나타나는 인공지능의 모습은 후자적 측면을 강조하는 내용들이 많았습니다. 즉, 기계의 무감정성이 최종적으로 비인간적인 문제를 일으킨다는 것이죠.

기계가 감정을 가지게 되는 것도 문제이지만 감정을 안 가지게 되는 것은 더 문제가 될 수 있다. 엄청난 지능을 가진 슈퍼 파워가 감정이 없다는 것은 더 문제가 될 수 있다. 즉, 감정이 없으면 인간을 기계 다루듯이 하여 더 문제가 될 수 있기 때문이다.

　하지만 저는 결국에는 그 기계의 인공지능을 소유한 사람들도 인간이기 때문에 인간의 문제로 귀착이 될 것이라고 생각합니다. 즉, 그 기계를 소유한 사람들이 어떠한 사람이냐는 것이 문제가 된다는 것입니다.

　그리고 이에 못지않은 중요한 문제가 있습니다. 그것은 기계의 인공지능이 몰고 올 사회적인 여파의 문제입니다. 사실 기계 인공지능을 소유한 집단은 모든 것을 가진 집단으로 발전해나갈 것입니다. 지금도 애플이나 구글, 테슬라 등의 기업에서 다른 사업, 즉 자동차 산업이나 비행기 자율주행 사업, 심지어 화성 개발 사업에까지 진출해나가는 것을 볼 수 있습니다.

앞으로는 인공지능과 나노테크놀로지를 소유한 기업이 전 세계의 선도 기업이 될 것이다. 그리고 그것을 넘어서 모든 기업을 인수합병하여 초거대 기업이 되어갈 것이다. 예를 들어 인공지능 기업이 자율주행 비행기나 선박까지 만들게 되는 것이다. 기업 간의 경계가 무너지고 모든 기업이 인공지능 소유 기업에 통폐합될 것이다. 그리고 어쩌면 그들이 전 세계를 지배하게 될지도 모른다.

지금 현재도 인공지능을 소유한 기업이 사실상 모든 사업의 판도를 좌지우지하는 상황이 전개되고 있습니다. 그리고 향후에는 이러한 경향이 더욱 가속화될 것입니다. 그런데 더 심각한 문제점은 인공지능의 발달 속도라고 했습니다. 기술적 특이점까지는 인간의 지능이라는 기준이 정해져 있지만 그 이후에는 그 기준점을 정하는 것이 사실상 불가능합니다. 기계의 인공지능은 말 그대로 거의 무한대로 발전해나갈 것이기 때문입니다.

그리고 또한 인공지능의 발달 속도와 비슷하게 같이 무한대로 발전해나가는 것이 있습니다. 그것은 바로 인간의 욕심입니다. 기계의 인공지능이 거의 무한대의 속도로 발전해나가는 만큼 그것을 소유한 집단의 욕심, 즉 권력이나 힘도 거의 무한대로 발전해나갈 것이라는 점입니다.

인공지능이 감정이나 권력욕을 가질지 안 가질지는 모르나, 인공지능 소유 집단은 인간이다. 그래서 사실적인 문제는 인공지능 소유 집단의 문제이다. 역사의 전개 방향에 있어서 실제적인 주체가 되는 인공지능 소유 집단이 어떠한 태도를 취할지는 어느 정도 예상이 가능하다.

그리고 또 한 가지의 심각한 문제가 있습니다. 그것은 무한대로 발전해나가는 만큼 인공지능을 소유한 기업 집단이 그 인공지능을 통제할 수 있는가에 대한 것도 문제입니다.

인류 사회는 아직 이러한 인공지능을 사용해본 경험이 없습니다. 즉, 처음 해보는 것이라는 말이죠. 그런데 문제는 그 인공지능이라는 도구가 단순한 도구가 아니라는 것입니다. 그 도구는 인간보다 훨씬 더, 즉 거의 무한대로 똑똑해질 것입니다.

그런데 우리의 역사를 돌이켜보면 아무리 강하고 똑똑한 집단이라고 하더라도 그보다 더 똑똑한 집단이 나타나면 그 강자의 자리를 내주어야 했습니다. 그것은 모든 인류의 역사가 증명해주고 있어요.

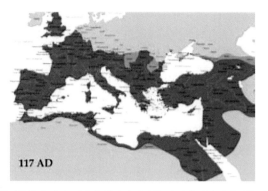

117 AD

모든 역사가 증명하듯이 패권 전쟁에 있어서 새로운 강자가 나타나면 기존의 강자가 새로운 강자를 억누르면서 크지 못하게 하는 경향이 있게 마련이다. 하지만 그것은 어느 정도 실력이 비슷할 때의 논리이고, 만일 두 강자의 싸움에서 새로운 강자의 실력이 월등할 정도로 우월하다면 기존의 강자는 당연히 물러날 뿐만 아니라 새로운 강자에 의해서 철저히 파괴되는 현상이 나타난다. 인공지능과 인간의 싸움이 바로 그렇게 될 가능성이 있는 것이다.

모든 강대국들의 역사가 그러했습니다. 하지만 이번에 나타날 집단은 그 전의 집단과는 비교가 안 될 정도로 강한 집단입니다. 거의 무한대의 지능을 가진 집단이기 때문입니다. 인간들이 과연 이처럼 무한대의 지능을 가진 존재를 완전히 통제할 수 있을까요? 인간의 무한대의 욕심과 기계 인공지능의 무한대의 발전이 만나게 된다면 무엇인가 큰일이 벌어질 것이라는 생각이 듭니다.

인공지능과 요한계시록 그리고 부활 환생의 비밀

인공지능의 발달에 따른 인간의 대량 실업 사태

다음으로는 인공지능의 개발이 본격화될 때 벌어질 수 있는 문제점들에 대해 이야기해보겠습니다. 우리가 제일 먼저 가장 쉽게 생각할 수 있는 문제점은 바로 인간의 일자리 문제입니다.

지금도 우리는 인공지능의 도움을 많이 받으면서 살고 있습니다. 하지만 문제는 앞으로 인공지능이 우리들의 일자리 대부분을 완전히 대체하게 된다는 것이 문제입니다. 그것도 우리가 생각하는 것보다 빠른 시간 안에 이루어질 것이라는 것이죠.

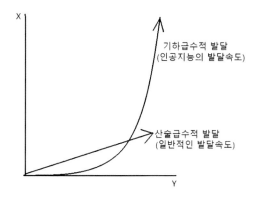

인공지능 문제에 있어서 인간이 가장 걱정하는 것은 일자리 문제이다. 그 정도도 노동직이나 전문직뿐만 아니라 판사, 심지어는 정치인까지도 인공지능으로 대체하자는 말이 나올 정도로 심각하게 생각하고 있다. 그 이유가 바로 인공지능의 발전 속도가 너무 빠르기 때문이다.

그 이유는 위에서 말한 것처럼 기술적 특이점, 즉 인공지능이 인간의 지능을 추월한 이후에는 그 발전 속도가 기하급수적으로 늘어나 거의 무한대의 속도로까지 증가할 수 있기 때문이라고 했습니다. 즉, 이 상황을 한마디로 말한다면 그 시기가 예측이 안 될 정도로 인공지능이 빨리 발달할 것입니다. 이를 달리 말하면 인류 사회의 많은 직업들이 우리가 생각하는 것보다 훨씬 더 빨리 없어질 수 있다는 것이기도 합니다.

그렇다면 이제부터가 문제이죠. 대부분의 인간이 자신의 직업을 인공지능에게 빼앗기게 된다면 어떠한 일이 일어나게 될까요? 많은 사람들이 실업자가 되게 되는데 단순 노무직에서 의사, 변호사, 회계사 등 고도의 전문직에 이르기까지 대부분의 직업이 우리가 예상하는 것보다 훨씬 더 빠른 시간 내에 없어지게 될 것입니다.

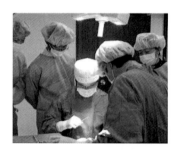

인공지능 발달로 단순 노무직은 물론이고 대부분의 서비스직들이 없어질 것으로 예상하고 있고, 전문직 중에서는 대표적인 것이 의사와 판사이다.

추가로 조금 다른 이야기를 해보자면, 미래학자들의 염려 중 한 가지로 경제라는 개념 자체가 유지가 될 것인가 하는 문제가 있습니다.

지금은 상황이 좀 다르기는 하지만 예전에는 물이나 공기를 돈을 주고 사지는 않았습니다. 왜냐하면 거의 원가가 안 들게, 즉 무료로 얻을 수 있었기 때문이죠. 무료로 얻을 수 있는 것들을 경제적으로 가치가 있다고 말하기는 어렵습니다.

하지만 그것을 지금은 돈을 지불하고 사고 있지요? 물은 지금 현실적으로도 개인들이 돈을 주고 구입을 하고 있고, 공기는 국제협약에 따라서 나라마다 탄소배출권이라는 이름으로 공기를 사도록 제도가 개선되어가고 있습니다. 그만큼 물이나 공기가 경제적인 가치를 띠게 되었기 때문입니다. 경제성을 띤다는 것의 핵심은 바로 희소성입니다. 바로 구하기가 힘들어야 한다는 것입니다.

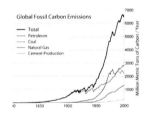

과거에는 물과 공기를 얻기 위해 돈을 낸다는 것이 비현실적이었으나, 지금은 물도 공기 (탄소배출권)도 경제적인 가치를 띠게 되었다.

그런데 만일 힘들게 농사를 짓는 농부가 우리가 먹는 식량을 생산하는 것이 아니고 기계가 그것을 거의 원가가 들지 않게 영원히 생산을 하게 된다면요? 그리고 어부의 힘든 조업 과정을 거치지 않고 원가가 거의 없이 물고기를 얻을 수 있게 된다면 어떨까요? 우리가 그것을 돈을 주고 사 먹으려고 할까요?

그것은 마치 우리가 주위를 돌아보면 흔히 얻을 수 있는 돌멩이하고 다를 바가 없어지게 될 텐데 굳이 돈을 들여서 사 먹으려 하겠냐는 말입니다. 즉, 이 말은 경제적인 가치가 점점 떨어지게 된다는 말입니다.

우리가 경제활동을 한다는 것은 우리가 노력을 하진 않고 우리에게 필요한 쌀이나 반찬을 얻기 위함이다. 그런데 이러한 것들이 인간의 노력 없이 무제한으로 주어진다면 그것을 위해서 돈을 쓸 필요가 있겠는가?

즉, 이 이야기의 핵심은 무한히 발전되는 인공지능으로 인하여 우리가 먹고사는 문제를 제공하는 재화나 용역들이 거의 원가가 안 드는 시스템으로 갈 수 있다는 것이죠. 그렇다면 인간의 힘든 노력이 없이 구해지는 재화들에 대해서 인간이 돈의 가치를 매기게 될까요? 그렇다면 이러한 재화들이 인간의 욕구를 일으킬 수 있겠냐는 말입니다.

인공지능과 요한계시록 그리고 부활 환생의 비밀

이는 경제학자들을 세속의 철학자들로 만든 인간 심리의 문제로서, 다소 이해하기 어려운 면이 있습니다. 간단한 예를 하나 들겠습니다. 여기에서 한 가지 떠오르는 체제가 있습니다. 바로 공산주의 체제입니다. 공산주의 체제가 당면했던 문제가 바로 이러한 문제였습니다. 즉, 인간의 욕구를 불러일으키지 못한 비효율성 때문에 망해갔지요.

경제활동은 심리의 문제였음이 공산주의의 실패로 증명이 되었다. 즉, 인간의 욕구를 불러일으키지 못하는 경제 시스템은 망하게 되어 있다는 것이다.

우리는 여기에 주목을 하고자 합니다. 기계 인공지능이 주도하는 사회는 이러한 치명적 한계를 지니고 있습니다. 즉, 인간의 욕구를 불러일으키지 못하게 될 수 있는 경제학적인 한계를 지니고 있다는 말입니다. 더구나 이 사회는 거의 모든 인간들의 직업을 빼앗아 갈 수 밖에 없는 숙명을 가지고 있습니다. 인간의 욕구도 꺾게 되고 인간의 직업도 빼앗아 가는 구도입니다. 누가 돈을 쓸 것이며 누가 돈을 벌 것입니까? 이것 참 난감한 상황입니다.

경제를 돌려야 하는데 돈을 벌 사람도 돈을 쓸 사람도 없어지다니요! 이거 완전히 경제 마비 아닌가요? 지금도 경제가 안 좋아지면 정부에서 하는 일이 뭐죠? 일단 돈을 풀잖아요? 돈을 써야 경제가 돌아가기 때문이죠.

경제가 안 좋아지면 중앙은행에서 돈을 풀어서 경제를 살리게 된다. 돈을 풀면 돈이 넘쳐나므로 인간의 경제 욕구를 불러일으키기 때문이다. 속칭 헬리콥터 머니 이론도 이러한 인간의 심리를 자극해 경제를 활성화시키는 경제활동인 셈이다.

그런데 이 상황은 그런 상황이 아니라는 거죠. 돈을 풀어도 안돌아가는 구조잖아요? 이건 대체 방법이 없는 거죠. 이 문제를 어떻게 해결해야 할까요? 이 문제는 현재 대부분의 미래학 석학들이 고민하는 문제입니다. 즉, 그분들은 이미 미래 사회에 대해서 이 정도 문제까지 고민을 하고 있는 것입니다.

하지만 여기에서 우리가 명심해야 할 것은, 지금부터 우리가

인공지능과 요한계시록 그리고 부활 환생의 비밀

상대하는 집단은 일반적인 상대가 아니라는 점입니다. 그들은 우리 인간보다 머리가 무한대만큼이나 좋은 기계 인공지능 집단입니다. 아직도 우리는 인공지능을 우리의 업무를 보조해주는 컴퓨터나 스마트폰 정도로 생각하는 경향이 있습니다. 그렇게 생각하시면 절대 안 된다는 것입니다.

이제부터는 인공지능을 소유한 집단이 이 문제를 어떻게 해결할 것인가를 살펴보겠습니다. 즉, 기계 인공지능과 그것을 소유한 자본가 집단들의 연합체가 직업을 잃고 실업자가 된 일반 인간들을 어떻게 대우할 것인가를 고민해보자는 것입니다.

하지만 인공지능 소유 집단이 위와 같은 경제 문제를 모르는 것이 아니다. 이들은 경제 문제의 이러한 취약점을 알고 있으며, 이에 대한 대안으로 통제를 통해서 문제를 해결하려 할 것이다. 이것이 바로 대환란의 시작점이 되는 것이다.

인간들은 경제의 주체이기도 하지만 경제의 대상이기도 합니다. 즉, 돈을 버는 주체이기도 하지만 상품을 사주는 소비자이기도 하다는 말입니다. 인공지능 소유 집단의 최종 목적은 돈을 버는 것입니다. 그런데 이 돈을 벌어줄 사람도, 써줄 사람도 없어져 버리는 상황이 벌어진다면 어떻게 될까요?

여기에서 문제가 벌어지게 됩니다. 돈을 벌기 위해서 인공지능을 개발한 인공지능 소유 집단은 돈을 벌기 위한 방안을 강구하게 될 것입니다. 그것은 어쩔 수 없이 사람들을 통제하는 형태로 나타나게 됩니다. 어떠한 방식인지는 정확히 알 수 없으나 사회를 통제하지 않는 이상은 돈을 벌기가 힘든 구조가 될 것이기 때문입니다. 생각해보세요. 돈을 벌기 위해서 엄청난 돈을 투자해서 인공지능을 만들었는데 정작 돈이 안 된다면 어떻게 하시겠습니까? 당장 주식이 폭락하고, 투자했던 헤지펀드나 회사 이사진에게 압박을 받게 되겠죠.

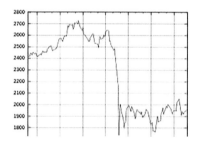 

인공지능 집단이 이러한 경제적 문제점 때문에 취할 자세가 정확히 어떤 형태로 진행될지 정확히는 모른다. 하지만 좋은 방향으로 나아가기 힘들다는 것은 확실해 보인다. 왜냐면 권력과 부를 가지게 되는 집단이 자신들에게 불리한 상황이 되면 어떤 자세를 취해왔는지 역사적으로 우리는 많이 보았기 때문이다. 결코 자신의 권력이나 부에 손해가 되는 행동은 하지 않는다는 것을….

그리고 이제 이들은 이미 일반 기업체가 아닙니다. 인공지능까

인공지능과 요한계시록 그리고 부활 환생의 비밀

지 소유하게 된 이 기업들은 이미 엄청난 독과점과 심지어 권력까지 지닌 기업 집단이 되어 있을 것입니다.

더구나 이런 기업들은 전 세계 최고의 기업들입니다. 돈에 대해서 엄청나게 민감하지 않겠습니까? 그리고 이미 2045년의 특이점 이후에는 이러한 기업들이 전 세계의 모든 기업들을 흡수 합병하게 될 것입니다. 즉, 기업 간의 장벽이 무너지게 되는 것이죠.

예를 들어볼게요. 여러분이 타고 다니시는 자동차가 있다고 생각을 해보세요. 근데 기존의 회사는 인공지능이 반 정도만 되는 차를 생산해요. 그래서 자율주행까지는 되지만 차 안에서 더 이상의 교감이 안 되는, 즉 다른 회사에서 나온 인공지능 차처럼 생각하지 못한다고 생각해보세요. 그럼 어떤 차를 고르시겠습니까? 이건 인공지능 사회의 모든 분야에 해당이 됩니다. 자동차, 버스, 비행기, 심지어 전쟁 도구인 전투기나 항공모함 등 모든 것들이 인공지능화되고 무인화된 것을 더 선호하게 될 것입니다.

2045년 기술적 특이점 이후에는 세계적인 인공지능 소유 집단 기업이 모든 산업을 흡수하는 블랙홀 기업이 될 것이다. 그리고 인공지능 자동차, 비행기, 심지어 전쟁 무기에 이르기까지 모든 산업을 장악하게 되어 어쩌면 일개 국가보다 더 강한 권력을 가진 집단으로 변하게 되어 우리의 모든 삶을 통제하는 집단이 될지도 모른다.

그래서 2045년 기술적 특이점 이후에는 기존의 모든 산업이 재편되어 인공지능을 잘 만드는 회사가 모든 것을 가지게 되는 승자독식의 산업 구조가 될 것입니다. 그리고 그 이후 인류 사회는 지금까지 경험했던 어떠한 상황보다 더 황당한 상황을 경험하게 될 것입니다. 즉, 너무나 발전이 빠른 사회를 보게 될 것이기 때문입니다. 매달, 심지어는 말 그대로 매일 하루하루가 다른 세상을 맛보게 될 것입니다. 그만큼 발전의 속도가 빠르다는 것이지요. 그때는 한 달 단위로 기술적 특이점이 될지도 모릅니다.

그런데 그러한 기업들이 전혀 예상하지 못한 방향으로 경제가 흘러간다면 어떻게 되겠습니까? 그 상황을 지켜보고만 있지는 않겠지요. 그들은 자기의 투자금을 회수하기 위해서 이미 자기들의 하수인이 된 각국 정부들을 통해서 무엇인가 조치를 취할 것입니다.

그런데 그 상황에서 제일 유력한 조치 방안이 통제라는 거죠. 그 통제는 이미 생산 능력을 상실한 인간들이 유일하게 할 수 있는 일이자 인간들이 제일 좋아하는 일, 바로 소비를 시키는 것입니다.

우리가 일반적으로는 생산은 긍정적인 일, 소비는 부정적인 측면으로 비판을 많이 했었지요? 근데 여러분, 그거 아세요? 소비 그거 아무나 하는 거 아닙니다. 기계는 소비를 못 해요. 아니, 할 줄을 몰라요. 소비는 인간의 특권이거든요. 동물들이 하는 유일한 소비는 배출입니다. 그건 소비를 한다고 볼 수가 없는 것이죠. 앞에서 말했다시피 인간은 유일한 소비의 주체입니다. 그래서 경제는 인간의 심리이자 인간의 행동으로 이루어지는 것입니다. 그리프로 경제를 돌리기 위해서는 인간을 통제할 수밖에 없게 된다는 것입니다.

인간은 경제의 주체이다. 무언가를 필요로 하는 인간의 심리와 그것을 위해 생산하는 활동과 소비하는 활동을 통해 경제를 돌린다는 것이다. 인공지능 소유 집단은 바로 이 경제의 활성화를 위해서 결국은 인간들을 통제할 수밖에 없을 것이다. 이것이 대환란의 기본 전제인 것이다.

그래서 인공지능 소유 집단은 경제활동의 최종적인 소비를 진작시키기 위해서 인간들에 대한 통제를 시작할 것입니다. 왜냐하면 그때쯤 되면 대부분의 인간들이 실직 상태가 될 것이기 때문입니다. 암울한 이야기이기는 하지만 인간은 이제 오로지 소비밖에 할 수 없는 비참한 지경에 빠지게 되는 것입니다. 하지만 너무나 빠른 인공지능의 성장 속도 때문에 국가나 사회는 그에 맞는 대책을 세우지를 못합니다.

우리가 다 알다시피 법적, 사회적인 제도는 속도가 항상 느리지요? 특히 인공지능의 시대에는 그 기술의 발달 속도가 상상을

불허한다고 했습니다. 즉, 사회 제도가 따라가기에는 역부족이
죠. 그래서 사회 과도기의 갭이 상상도 못할 정도로 커지게 되는
가분수 머리형 사회가 되는 것입니다. 즉, 생각만 하고 실천은 못
한다는 것이에요.

환절기가 되면 기온 차가 갑자기 크게 발생해 감기에 잘 걸리는 상태가 되듯이 2045년 특
이점 이후의 인공지능 발전 시기가 되면 인간 역사의 환절기가 되어 감기에 걸리듯이 일시
적으로 앓게 되는 현상이 나타날 것이다. 이것을 요한계시록에서는 대환란이라고 표현하
고 있는 것이다.

　　인공지능 소유 집단과 국가 단체 연합은 경제를 활성화시키기
위해서 본격적으로 소비 통제를 가할 것입니다. 하지만 그 통제
는 긴 시간 동안 드러나지 않게 진행될 것입니다. 워낙 민감한 문
제이기 때문입니다. 인간들이 어떠한 존재입니까? 하지 말라고
하면 더 하고 싶어하고, 하라고 하면 더 하기 싫어하잖아요? 이는
인간이 바로 자유의지의 존재이기 때문입니다. 인공지능 집단은

이것을 잘 알고 있습니다. 그래서 아주 정밀하고 교묘한 방법으로 이를 실천해나갈 것입니다.

아마도 이미 시작되었는지도 모릅니다. 현재 이미 우리의 모든 개인정보나 이메일, 업무 등이 인터넷이 없으면 돌아가지 않는 구조가 되어가고 있지요? 심지어 각 기업들이 고객 성향 분석을 위해 우리의 모든 개인정보를 거래하는 것도 간혹 뉴스에 나오는 것을 볼 수 있습니다.

앞으로 인공지능이 발달하면 할수록 이처럼 인간의 개인정보를 이용하는 일들은 고도로 발달된 형태로 나타날 것입니다. 기계 인공지능이 발달하면 할수록 이를 소유한 기업 집단의 힘은 거기에 맞추어 거의 무한대로 증가하게 될 것이며 그 힘은 통치 집단, 즉 국가 수준의 힘까지 얻게 될 것입니다. 왜냐하면 이들이 인간 사회의 거의 모든 것을 가지게 될 것이기 때문입니다.

'이글아이'라는 영화를 보면 국방 전략을 인공지능에 맡겨놓은 상태에서, 인공지능이 정부 요인들의 정책 판단을 나라의 안보를 위협하는 세력으로 인식하여 모두 제거하려고 하는 내용이 나온다. 이는 국가 사회의 공적인 부분들까지 인공지능에 침해받는 극단적인 경우를 보여주고 있다.

'이글아이'라는 영화를 보면 이러한 내용들이 아주 자세히 나옵니다. 인공지능이 국방 전략 전체를 다 맡게 되면서 자기가 적으로 간주하게 된 모든 국무요인들을 암살하고 자기의 잘못된 판단으로 국가를 위기 상황으로 몰고 가게 된다는 내용입니다. 인공지능에 관한 이러한 이야기들은 흔한 스토리이기는 하지만 실제로 있을 법한 이야기이기 때문에 단골 소재로 쓰이게 되는 것이겠죠.

물론 이와 같은 상황은 아니겠지만 각국 정부도 인공지능의 발달에 따른 사회 변화에 맞춰 이 기업들과 어쩔 수 없이 협력해야 하는 상황에 처하게 될 것은 당연한 이치입니다. 모든 국가나 사회가 정체되는 경제를 살리기 위해서는 인공지능 소유 기업 집단에 협력해야 하는, 어쩔 수 없는 상황에 처하게 될 것이기 때문입니다.

기계 인공지능 시대에는 통제 경제가 훨씬 효율적인 체제가 될 것입니다. 인간은 생산하는 주체로서의 효율성이 워낙 떨어지게 되기 때문에 생산 주체로서의 기능은 상실되고 오직 소비 주체로서의 기능만을 담당하게 될 것이기 때문입니다. 왜냐하면 모든 재화나 용역의 생산을 거의 비용이 들지 않는 무한대의 능력을 가진 인공지능들이 생산해낼 것이기 때문이죠.

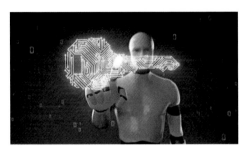

특이점 이후의 어느 순간에는 인간에게서 생산 주체로서의 기능은 사라지고 소비 주체로서의 기능만을 강요당하는 통제 경제에 노출될 가능성이 높다. 그러지 않고서는 경제가 돌아가지 않게 되기 때문이다.

　인간이 경제의 주체가 될 수 있었던 것은 내가 필요로 하는 가치를 가지고 있는 것, 즉 농부가 힘들게 생산한 쌀이나 어부들이 먼바다에 가서 잡은 생선들을 내가 생산한 가치들과 바꾸는 교환이라는 것을 할 수 있었기 때문입니다. 하지만 기계 인공지능 시대에는 모든 식량 생산이나 물고기를 잡는 것을 기계가 거의 비용이 안 들게 해줍니다. 그런데 그러한 극단적인 효율성이 모든 재화의 가치를 떨어뜨리게 되어 오히려 경제가 돌아가지 않게 된다는 아이러니가 생기게 되는 것입니다.

　하지만 그런다고 해서 1920년대의 미국 대공황 같은 상황은 오지 않을 것입니다. 왜냐하면 인류 역사상 그 어느 때보다도 재화와 용역의 생산이 많은 세상이 되어 있을 것이기 때문입니다. 인류 사회는 단지 그것을 쓰면 되는 것입니다. 참 이상한 아이러니이죠?

특이점 시대에는 비록 경제 시스템에 문제가 생기게 되지만 1920년대의 대공황 같은 사태는 오지 않을 것이다. 왜냐하면 특이점 시대에는 재화가 거의 무한대로 늘어날 것이기 때문이다. 즉, 재화가 너무 많아져서 이를 소비하는 일이 주된 사회적 문제가 되기 때문이다.

이제 국가 시스템과 결탁한 인공지능 소유 집단은 인간들에게 소비를 종용하기 위해 인간 사회를 조종하게 되고, 드디어 인간 사회의 모든 것을 가지게 된 인공지능 소유 집단은 드디어 우리를 통치하게 되는 권력 집단의 모습으로 다가오게 될 것입니다.

여기에서부터 바로 비극이 시작됩니다. 진정한 의미에서 기계 인공지능과 인간과의 갈등이 시작되는 시점이기 때문입니다. 왜냐하면 여기에 저항하는 인간들이 나타나기 때문이죠. 통제의 방식이 어떤 식으로 전개될지 정확하게 알기는 힘듭니다.

하지만 어떤 식이든 **인간을 통제하기 위해서는 인간의 몸에 칩 같은 것을 이식하는 기계적인 장치를 쓰거나 정신적인 통제방식을**

인공지능과 요한계시록 그리고 부활 환생의 비밀

쓸 것입니다. 이러한 방식들이 성경에서 말하는, 인간의 경제활동에 대한 통제 장치를 의미하는 666 표식을 연상시킬 것입니다. 666은 상징적인 의미입니다. 기계 인공지능 소유 집단이 국가 시스템을 통제하게 되면서 인간들을 같이 통제하는 체계를 말하는 것입니다. 즉, 단순한 상황이 아니라는 말이죠.

요한계시록에 나오는 666은 특이점 이후에 인공지능 소유 집단이나 국가가 경제를 활성화시키기 위해서 일반 국민들에게 소비를 통제하는 과정에서 일어날 일련의 사건을 예언해 놓은 것이다.

어쨌든 기계 인공지능이 지배하는 사회에서 인간이 할 수 있는 경제활동은 오로지 소비밖에 없습니다. 왜냐하면 생산적인 경제적 활동에서는 철저하게 소외될 것이기 때문입니다. 그리고 모든 사회 상황은 우리가 전혀 예측하지 못한 방향으로 흘러가게 될 것입니다. 왜냐하면 기계 인공지능의 성장은 거의 기하급수적으로 늘어나는 반면, 인간 사회의 제도가 그 발전 속도에 상응하여 따라간다는 것은 거의 불가능할 것이기 때문입니다.

우리가 다 알다시피 사회적인 대응, 즉 사회 변화에 따르는 법적, 제도적 대응이라는 것은 시간이 훨씬 많이 걸리지 않습니까? 물론 인간 사회가 거기에 맞추어 사회적인 제도와 법적인 제도를 만들어가려고 노력을 할 것입니다. 그런데 문제는 기계 인공지능의 발전 속도가 너무 빠르다는 것이지요. 가히 상상할 수도 없다는 것이 문제라는 겁니다. 왜냐하면 이것은 단순한 기계의 문제가 아니라 지능 발전의 문제이기 때문입니다.

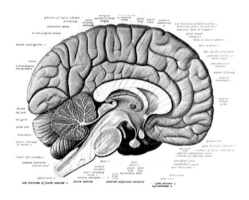

인간이 만물의 영장이 된 것은 바로 인간의 지능 때문이었다. 하지만 인간의 편의성을 위해서 만들어진 인공지능이 이제 그 인간의 자리를 대체하게 될 것이다. 즉, 인공지능이 그 놀라운 지능으로 인해 인간을 몰아내고 만물의 영장이 되는 것이다.

인간이 만물의 영장이 된 이유가 무엇이었지요? 바로 인간의 지능 때문이었지요? 그런데 이제 이 지능이 무한히 발달한다고 생각해보세요. 무한히 발달하는 지능이라… 가히 상상이 안 되지

　　　　인공지능과 요한계시록 그리고 부활 환생의 비밀

요?

　어떤 사람들은 이렇게 이야기하면 오히려 좋아할지도 모릅니
다. 기계 인공지능이 이러한 모든 일을 해준다면 인간에게는 더
좋은 일이 아닌가? 하고 생각하는 사람들도 있을 것입니다. 그렇
습니다. 이러한 상황이 꼭 나쁜 것은 아니죠.

　하지만 문제는 속도의 문제입니다. 속도가 너무 빠르면 무슨
문제가 생기죠? 반드시 부작용이 생기게 마련입니다. 자동차도
적당한 속도로 몰면 사고가 날 위험이 현저히 감소되지요? 하지
만 과속을 하게 되면 사고의 위험이 훨씬 높아집니다. 인간이 대
응할 시간이 줄어들게 되기 때문입니다.

교통사고의 원인 중 하나가 바로 과속이다. 정상적으로 운전하면 사고가 안 나지만 과속을
하게 되면 사고가 나는 것이다. 마찬가지로 특이점 이후에 인공지능 자체보다는 그 발달
속도가 문제가 된다. 시속 100km까지는 문제가 되지 않겠지만 시속 10,000km라면 반드시
문제가 생길 것이다.

　모든 인류 역사에서 전쟁 등의 큰 문제가 생길 때 공통점이 무

엇이었나요? 항상 어떤 사회에서든 과도기나 격심한 변혁기가 올 때 문제가 발생했습니다. 자연에서 보자면 계절의 변화에서도 문제가 되는 것이 항상 환절기 때지요? 마찬가지로 인공지능 그 자체가 문제가 있어서가 아니라 인공지능이 가져오는 급격한 사회적, 문화적 변혁이 문제가 되는 것입니다. 즉, 인간들이 거기에 적응하기 전에 사회 변화가 너무 크고 빠를 때는 항상 큰 문제가 발생을 해왔기 때문입니다.

사실 인공지능에 비견할 만한 사건 정도는 아니지만 비슷한 상황이 인류 사회에 여러 번 있었습니다. 제일 먼저 예를 들 수 있는 것이 철기 문명 시대입니다. BC 4~5세기에 중국에 전해진 철기 문명은 중국이라는 나라에 춘추전국시대라는 전쟁의 시대를 낳게 되었습니다.

청동기 문명에서 철기 문명으로 넘어가던 BC 4~5세기경 중국에서는 춘추전국시대라고 하는 엄청난 혼란기를 겪게 된다. 농업 생산성이 엄청나게 높아지게 되고 철기 문명을 통해 전쟁 수행 능력이 높아지게 되자 이를 바탕으로 전쟁을 통해 상대방의 생산물을 독점하려고 하는 인간 본연의 탐욕이 극대화되었기 때문이다. 이와 같은 현상은 18세기 산업혁명 시기에 유럽에서 똑같이 나타나게 된다.

인공지능과 요한계시록 그리고 부활 환생의 비밀

왜냐하면 그전의 청동기 문명과는 비교가 안 될 정도로, 철기라는 문명은 지금 우리가 바라보는 인공지능 정도의 매력을 가지고 있었기 때문이지요.

바로 농사의 효율이 폭발적으로 증가했고 전쟁 시에는 상대방을 죽이는 살상 능력이 엄청나게 증가했기 때문이지요. 그 당시에 전쟁 수단으로서의 철기 문명에서 철기를 소유했냐 못 했냐는 것은 지금으로 친다면 총과 칼과의 싸움과도 같은 전력 차이를 낳게 되었습니다.

농업 생산이 비약적으로 발전하게 되어서 마치 18세기에 형성된 산업혁명으로 인해 신흥 자본가가 탄생했듯이 이때도 신흥 농업 자본가가 탄생하게 되었습니다. 자! 먹을 것이 많아지면 무슨 일이 일어나지요? 인간 사회는 먹을 것이 많아지면 그것을 나누어 먹을 생각을 하지 않고 서로 더 많은 것을 차지하기 위한 싸움을 벌이게 됩니다.

이것이 참 묘한 인간 사회의 법칙입니다. 참 이상하지요? 인간 사회는 차라리 먹을 것이 없을 때는 사이가 나빠지지가 않아요. 나름대로 부족한 것을 채워주며 서로 돕고 살아가는 것이 일반적입니다. 덜 싸워요. 하지만 문제는 먹을 것이 많아질 때가 문제입니다. 이때는 사람들이 거의 눈이 뒤집힙니다. '인디아나 존스' 같은 영화를 보면 사이가 좋던 탐험가들이 막상 보물을 발견하면 어떻게 되지요? 눈이 뒤집어져서 서로 막 싸우고 죽이고 그러잖아요?

'인디아나 존스' 같은 영화를 보면 사이가 좋았던 탐험 동료들이 막상 보물을 발견하면 그 것을 독점하기 위해 서로 죽고 죽이는 난투극을 벌이게 되는 것을 보게 된다. 작은 보물은 나누어 가지려고 하지만 진짜 큰 보물은 자기 혼자 독점하려고 하는 것이 인간의 본성이기 때문이다.

전국시대의 중국이 그러했습니다. BC 15세기에 최초로 히타이트 제국에서 시작된 철기 문명은 BC 13세기의 메소포타미아 지역, BC 9세기의 유럽을 거쳐 중국의 전국시대 초기(즉, BC 4세기경)에 전해지게 됩니다. 이때부터 그전의 철기 문명 국가에서도 그러했듯이 중국에서도 엄청난 살육전이 벌어지게 됩니다. 더 많은 토지와 더 넓은 영지를 얻기 위해 영주들은 무수한 전쟁을 벌이게 됩니다. 그 전쟁으로 인한 참혹함은 춘추시대는 물론이고 전국시대 때도 이루 말할 수가 없었습니다.

그리고 그와 똑같은 대형 사건이 19세기와 20세기에 걸쳐 유럽에서 똑같이 벌어집니다. 바로 영국의 산업혁명으로 인한 산업화입니다. 왜 대형 사건이냐고요? 이 산업혁명의 최종적인 결론이

인공지능과 요한계시록 그리고 부활 환생의 비밀

바로 1, 2차 세계대전이기 때문입니다. 제 말이 너무 비약이라고 느껴지십니까? 하지만 이것은 거의 팩트에 가깝습니다.

위에서도 언급했듯이 정글 속에서 발견된 보물이 모든 인간의 눈을 뒤집히게 만든 것처럼 18세기의 산업혁명은 서구 유럽 사람들의 눈을 다 뒤집히게 만들었습니다. 왜냐하면 산업혁명은 정글에서 우연히 발견된 보물보다 훨씬 더 큰 가치를 가지고 있었기 때문입니다. 말 그대로 황금알을 낳는 거위와 다를 바가 없었죠.

우리가 잘 알다시피 산업혁명으로 인해 수없이 만들어진 인류 최초의 공산품들은 그 당시의 자본가들에게 인류 역사상 일찍이 볼 수 없었던 부를 가져다주었습니다. 그 시대의 자동 방적 기계

산업혁명 때 개발된 방적 기계는 현대의 인공지능과도 같이 보였을 것이다. 그 기계는 사람들이 하나하나 만들어내던 방적 제품을 잠도 안 자고, 먹지도 않으면서 1년 365일 내내 찍어내는 것을 보면서 놀라움을 금치 못했을 것이다. 그리고 그것은 후에 제국주의와 식민주의, 그리고 마침내는 1, 2차 세계대전이라는 거대한 비극의 씨앗이 되었다.

는 마치 현대 시대의 인공지능과도 같았을 것입니다. 왜냐하면 자동 방적 기계가 나오기 전에는 사람들이 일일이 수공으로 하나하나씩 만들어내던 방적 제품을, 방적 기계는 1년 사시사철 쉬지 않고 거의 무한대로 찍어낼 수 있었기 때문입니다.

하지만 그 이후에 어떠한 일들이 일어났지요? 방적 기계라는 그 당시의 기계 인공지능(?)을 만난 자본가들과 그들의 국가들은 무엇을 했습니까? 욕심이 하늘을 찌르게 되었지요? 그들은 그들이 거의 무한대로 찍어낼 수 있었던 산업혁명의 결과물들을 다른 나라에 팔기 위해 무리한 욕심을 부리게 됩니다. 그 결과물이 19세기판 제국주의이죠. 그들은 전 세계의 모든 나라들을 자신들의 식민지로 삼게 됩니다. 그 결과 전 세계의 거의 모든 나라들이 서구 열강의 식민지로 전락을 하게 되죠.

이 부분을 자세히 보시면 인공지능의 탄생이 우리에게도 같은 상황을 요구하게 될 것이라는 것을 알 수 있습니다. 엄청난 생산 능력은 반드시 그에 따르는 소비 활동을 할 식민지를 요구하게 되기 때문입니다.

거기에다 더한 문제는, 인간의 욕심이라는 것이 거기에서 끝나지 않는다는 것이었습니다. 전 세계의 모든 나라를 식민지로 삼고 수탈을 하던 것도 모자라 결국에는 서구 열강들 자신들끼리 더 많은 식민지를 차지하기 위해 전쟁을 벌이게 되죠? 그것이 바로 인류 역사의 최대 비극인 1, 2차 세계대전입니다.

산업혁명 후에 본격적으로 시작된 제국주의는 마침내 식민지 쟁탈전으로 이어져 1차 세계 대전, 2차 세계대전으로까지 이어지게 된다.

　앞서 본 두 케이스의 예를 보면 전혀 다른 시대와 상황에 대한 이야기 같지요? 하지만 두 사건에는 공통점이 있어요. 그것은 바로 그러한 일이 있기 전에 급진적인 기술의 발전이 있었다는 것입니다. 즉, 철기 문명의 발전이나 산업혁명의 특징은 다른 시대의 발전 정도에 비해서 획기적인 기술의 발전이 이루어졌다는 데 있죠. 그래서 그 시대에 그렇게 많은 전쟁이 벌어진 것입니다.

　위에서도 이야기했듯이 '인디아나 존스' 영화 같은 데서 보면 이런 장면들이 많이 나온다고 했지요? 그러한 장면들은 인간의 욕심이 극에 달하는 상황이 되면 인간들 사이에 극단적인 갈등 상황이 벌어지게 되는 것을 단적으로 보여주는 경우라고 보시면 되겠습니다.

　하지만 기계 인공지능의 발전은 앞의 두 예, 즉 철기 문명의 발전과 18세기의 산업혁명과는 비교가 안 될 정도로 큰 변화를 가져올 것입니다. 기계 인공지능을 개발한 회사들은 자신들의 이익을 극대화시키기 위해서 인공지능을 개발했습니다. 인공지능은 처음에는 그들에게 엄청난 부를 가져다줄 것입니다. 전 세계의 모든 부가 거기로 몰리게 될 것이기 때문입니다. 하지만 너무 완벽한 탓일까요? 인류 역사상 가장 완벽한 돈벌이 수단이었던 인공지능은 그 완벽성 때문에 인간의 일자리를 다 빼앗는 기이한 현상을 일으키게 됩니다.

다시 말하자면, 인공지능 소유 집단은 이제 이 세상의 거의 모든 것을 가지게 되었습니다. 즉, 이 세상에 어떤 사람이 벌었던 돈보다도 훨씬 더 많은 돈을 벌게 되었고, 이 세상에 존재해 왔던 그 어떤 제국의 황제가 가졌던 것보다 훨씬 더 큰 권력과 인간 사회에 대한 통제력을 가지게 되었습니다.

특이점이 한참 지난 어느 날 인공지능 소유 집단과 국가 연합체들은 인공지능이 만들어낸 생산물을 소비할 곳이 부족하다는 것을 깨닫게 된다. 그들은 그 시대의 새로운 식민지를 필요로 하게 되는데, 바로 그 존재가 인간의 소비 영역이다. 그들은 소비의 주체로서 인간을 철저하게 통제하려고 할 것이다. 그렇지 않으면 그들이 만들어놓은 경제 시스템이 붕괴될 것이기 때문이다.

그런데 자기가 만들어놓은 거대한 제국의 경제가 서서히 침체되어 그 기능을 잃어가게 된다면 어떻게 될까요? 그들은 반드시

인공지능과 요한계시록 그리고 부활 환생의 비밀

경제를 살리려고 할 것입니다. 그리고 그러한 과정에서 공통의 문제에 직면한 국가 사회와 인공지능 소유 집단은 협업하여 공통의 대책을 세우려 하게 될 수밖에 없는 구조를 가지게 된다는 것입니다. **진정한 의미의 정경유착이 이루어질 수밖에 없는 상황이 되는 것이죠.**

그리고 그 대책이라는 것은 인간의 소비를 진작시키는 일이 될 것입니다. 인간은 이미 경제 주체에서 생산자의 지위는 잃은 지 오래입니다. 이때 인간들에게 다시 생산자의 위치를 회복시킨다는 것은 너무나도 비효율적일 것입니다. 따라서 국가 집단과 인공지능 소유 집단은 경제를 활성화시키기 위해서 인간들의 소비를 최대화하는 정책을 펴게 될 것입니다. 극단적인 통제 정책을 쓸 수밖에 없다는 거죠.

하지만 경제라는 것은 통제를 하게 되는 순간 문제가 발생합니다. 우리는 20세기에 이와 비슷한 경험을 한 바 있습니다. 그것이 바로 공산주의 경제라고 했죠? 결과는 어떻게 됐습니까? 공산주의는 결과적으로 철저한 통제와 인권유린, 감시가 있는 사회가 되어가고 경제는 완전히 파탄이 나게 되었죠?

나중에 이 문제점을 알고 공산주의 경제에 자본주의 경제를 이식한 공산주의 몇 국가만이 살아남았을 뿐입니다. 즉, 엄밀하게 말하자면 북유럽 식의 수정자본주의를 다 따라하게 된 것이죠. 그런 의미에서 진정한 공산주의는 실패한 것이라고 볼 수 있습니다.

경제를 통제하게 되면 경제는 실패한다는 것은 19세기의 초기 자본주의와 20세기의 공산주의 실험에서 이미 증명이 된 사실이다. 하지만 그럼에도 불구하고 특이점 이후의 경제정책이 통제 경제가 될 수밖에 없는 이유는 무엇인가? 그것은 그만큼 그때의 경제 정책 자체가 혼란스러운 상황에서 만들어지게 되기 때문이다.

　기술적 특이점 시대 이후에 벌어지는 사회의 문제도 똑같은 상황에 처할 것입니다. 그것이 바로 성경에서 말하는 '대환란'의 시대인 것입니다. 여러분, 요한계시록이라는 책을 가볍게 보시면 안 됩니다. 이 책은 실로 어마어마한 책이에요. 비록 요한 사도가 그것을 과학적으로 풀어서 쓰지는 않았지만 그 내용을 자세히 보시면 철저히 미래 사회에 대해 철저히 과학적인 과정을 묘사해놓은 책입니다. 세상에 이러한 책이 경전으로 나와 있는 종교가 어디 있습니까?

　다시 말해서 요한계시록에서 말하는 대환란의 시대는 인간이 국가 사회와 인공지능 소유 집단에 의해서 통제되고, 좀 심하게 말하면 거의 사육되는 현상에 대해서 이야기하고 있는 것입니다. 여기에서 사육이라는 표현을 한 것은, 그 시대가 인간을 오로지 소비의 주체로만 인식하고 소비를 위한 존재로만 대우하며 통제를 가할 것이기 때문입니다. 요한계시록에서는 이를 666표를 받지 않은 자, 즉 정부의 허가를 받지 않은 자는 '매매'를 못 하게 한다고 표현하고 있습니다. 여기에서 매매라는 표현은 단순히 매매를 못 하게 한다는 의미라기보다는 철저한 통제 속에서 살게 된다는 의미로 보는 것이 더 합리적인 생각일 것 같습니다. 이는 마치 영화 '매트릭스'의 주인공이 오로지 기계 집단의 에너지를 공급하기 위해 사육되고 있었던 것을 떠올리게 합니다.

1999년에 나온 '매트릭스'라는 영화에서 보면 여기에서도 '통제'에 대한 이야기가 핵심적인 내용이다. 즉, 기계 인공지능이 인간에게서 에너지원으로서의 체열을 얻기 위해서 인간을 사육하는 장면이 나온다. 요한계시록의 대환란 시대도 이와 유사하다고 보면 될 것 같다. 이런 면에서 본다면 인간은 통제받기를 가장 싫어하는 것 같다.

　　과연 그 결과는 어떻게 될까요? 인간은 기본적으로 소비의 존재라는 말이 있을 정도로 우리는 소비하기를 좋아합니다. 하지만 모든 소비를 억지로 해야 한다면요? 그것도 거의 사육당하는 수준으로 억지로 소비를 해야 한다면 어떨까요? 그것은 새로운 지옥이 될 수도 있을 것입니다. 인간이 가장 싫어하는 것은 누군가에게 통제받는 것이니까요.

19~20세기에 과학기술의 비약적인 발전이 인간의 욕심을 무한히 자극하여 온갖 환경오염과 기후변화를 일으켰듯이 인공지능 소유 집단은 인간들에게 무한한 소비를 요구하는 환경오염과도 같은 공해 집단이 될 것입니다. 국가 집단은 나라 경제의 활성화를 위해서 이러한 상황을 방관하거나 오히려 더 권장할 것이고요. 그래서 소비의 극대화를 위한 인간에 대한 통제가 필수적으로 일어날 수밖에 없게 된다는 것입니다.

하지만 인간이 어떤 존재입니까? 기본적으로 하기 싫은 것은 안 하는 존재이지요? **왜냐하면 인간은 자유의지를 가진 존재이기 때문입니다.** 처음에는 강렬한 저항이 일어날 것입니다. 하지만 인간은 이제 그 통제 상황에서 완전히 벗어날 수가 없습니다. 이미 인간의 생산 능력은 소실되어버렸고 인류 사회는 기계 인공지능 집단이 없이는 단 하루도 살아갈 수 없게 되었기 때문입니다.

이것을 성경에서는 짐승의 표 666을 받지 말라는 것으로 이야기하고 있는 것입니다. 그리고 그 짐승의 표를 받으면 구원을 받을 수 없다고 이야기하고 있죠. 이는 그 통제 방식이 인간 고유의 인간성을 침범하거나 뇌의 기능을 통제하는 방식으로 진행되는 것을 암시하는 것입니다.

인공지능과 요한계시록 그리고 부활 환생의 비밀

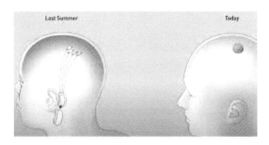

Last Summer　　　　　　　　　　Today

짐승의 표 666을 받지 말라는 의미는 그 시대의 정신이 인간에게 소비만을 강요하는 시대이므로 진정한 인간성을 상실하지 말라는 것이다. 그리고 또한 육체적인 장치를 통해서 통제를 받지 말라는 의미이다. 만일 한번 기계 인공지능의 지배를 받기 시작하면 영원히 그 통제에서 벗어나지 못하게 되기 때문이다.

또 그 시대가 되면 산으로 피하라는 표현을 하고 있습니다. 이러한 표현은 그 666이라는 통제의 형태가 어떤 식으로 일어날 것인지 상상하기는 힘들지만 어떠한 정도로 일어날 것인지는 짐작이 가능합니다.

그들이 그러한 행위를 아주 대놓고 하지는 않겠지요. 자칫하면 인간의 자유의지를 건드려 역효과가 날 수 있기 때문입니다. 그래서 지혜 있는 자가 그 숫자를 세어보라는 식의 표현을 한 것입니다. 즉, 자세히 살펴보아야 알 수 있다는 것이지요.

이 상황이 되면 기독교인들은 거의 투사들이 되어가게 될 것입니다. 모든 것이 명확해지고 성경대로 되어간다는 것을 알게 되기 때문이죠. 혹시 이러한 상황들이 우리가 알아차리지 못할 정도로 서서히 진행된다면 기독교인들마저도 알아차리지 못할 수도 있을 것입니다.

하지만 기독교인들에게는 명확한 기준점이 있습니다. 그것은 바로 1948년에 일어난 이스라엘의 독립 사건입니다. 사실 이 사건은 1900년대 후반에 전 세계 곳곳에 일어난 종말론을 일으킨 장본인입니다. 도저히 일어나기 힘들었던 이스라엘이라는 국가가 2,000년 만에 국가로서 독립이 된 것입니다.

20세기 강력한 종말론의 근거가 된 이스라엘 독립 사건은 가히 충격적인 사건이었습니다. 그리고 이어진 수차례에 걸친 중동 전쟁은 국제 정세를 어지럽게 하였고 이러한 일련의 사건들은 20세기 말에 극단적인 종말론을 부추겼습니다.

물론 잘못된 종말론이 문제가 있음은 저도 잘 알고 있고 우리가 모두 주의해야 할 사항입니다. 하지만 우리가 여기서 짚고 넘어가야 할 사실은 그럼에도 불구하고 이스라엘 독립 사건은 종말론의 근거로서 유력한 사건이라는 점입니다.

즉, 아무리 기존의 종말론이 문제를 많이 일으키기는 했으나 이스라엘 독립 사건은 종말론의 근거로서 아직도 유효하다는 것입니다. 문제가 있었다고 해서 핵심 사실이 변하는 것은 아니기 때문입니다. 지금 1948년 이스라엘 독립 후에 일어나는 모든 일련의 사건들은 너무 명확하여 대부분의 기독교인들이 모르는 상황은 아닙니다.

1948년 이스라엘 독립 사건은 성경상에 나타난 종말론의 명확한 근거이다. 물론 20세기 말에 이와 맞물려 수많은 잘못된 종말론이 발생한 것도 사실이다. 하지만 그럼에도 불구하고 성경상 종말론의 근거로서 이스라엘의 독립 사건이 그 시작점이 된다는 사실은 변함이 없다. 즉, 기존의 종말론이 잘못된 것과 종말론의 시작점이 이스라엘의 독립 사건이라는 것은 별개의 사실이라는 것이다.

그렇다면 이 싸움의 승자는 누가 될까요? 기계가 인간을 이길 수 있을까요? 하지만 아무리 기계의 인공지능이 뛰어나다고 해도 인간을 이길 수는 없을 것입니다. 물론 이 싸움에서 제일 큰 역할을 하는 집단은 바로 기독교인들이 될 것입니다. 그리고 약 3년 반의 기간으로 예상이 되는 이 싸움에서 승자는 결국 인간들이 될 것입니다.

그 싸움의 형태가 전쟁이 될지, 혁명의 일종이 될지는 모르지만 짐승의 표를 받지 않으려는 기독교인들과 기독교인은 아니지만 기계의 통제를 받는 것을 싫어하는 내부의 반발자들이 뭉쳐서 기계와 대항을 하게 될 것입니다. 이 과정은 실로 혹독한 상황이 될 것으로 예상됩니다.

기계 인공지능의 달콤한(?) 소비의 유혹을 거절하는 사람 모두는 모든 경제적 활동 및 사회활동에서 철저히 배제가 될 것입니다. 아니, 어쩌면 배제 차원에서 끝나지 않을지도 모릅니다. 왜냐하면 이것은 국가 정책을 위배하는 위법적인 상황까지 가는 문제가 될 수 있습니다. 속칭 공공의 이익에 반하는 반사회적인 행위가 될 수 있다는 것입니다. 만약 그런 상황이 된다면 법적인 처벌까지도 받을 수 있게 되겠지요. 즉, 심지어는 감옥에 갇히게 될 수도 있다는 것입니다.

인공지능 소유 집단에 반발하는 움직임은 당연히 있을 수밖에 없다. 그리고 그 중심에는 이러한 상황을 잘 알고 있고 대비해온 기독교인들이 있을 것이고, 기독교인이 아니더라도 기계 인공지능의 통제에 반발하는 세력들이 나타나게 될 것이다. 그리고 이들이 합세하여 인공지능 소유 집단에 같이 대항하게 될 것이다. 이러한 상황을 묘사하는 부분이 바로 요한계시록의 '대환란' 부분이다.

인공지능과 요한계시록 그리고 부활 환생의 비밀

이러한 상황을 미리 준비하는 사람들도 있습니다. 미국을 비롯한 서구 국가들의 사람들 중에는 이 시대를 준비하는 사람들이 꽤 있습니다. 둠스데이 프레퍼스(Doom's day preparers)라는 이름으로 그들은 서로 정보를 교환하면서 이러한 시대를 준비하고 있다고 합니다. 이들은 지하에 큰 벙커 같은 것을 파놓고 거기에 식량과 식수, 구호물품 같은 것을 구입해놓고 다가올 미래를 대비하고 있다고 해요. 일반 사람들이 보았을 때는 이해되지 않을 행동을 하는 셈이죠. 하지만 모든 상황을 고려해보자면 이 사람들이 다가올 미래를 준비하는 아주 현명한 사람들이 될 수도 있는 셈입니다. 물론 이들 중 상당수는 혜성의 충돌이나 기후변화, 화산의 폭발 등의 범지구적인 재해를 대비하여 준비하는 사람들도 있지만 또한 상당수는 요한계시록상의 종말에 대비하는 사람들도 있다고 합니다.

성경에서 대환란이라고 부르는 기간이 바로 이 기간입니다. 다시 한번 말하지만 성경상에 묘사된 것은 저자가 먼 미래의 일을 아주 종교적인 감흥 속에서 묘사한 것이라고 했습니다. 그래서 그 대부분이 상징적인 묘사로 되어 있습니다.

이 책에서는 이것을 최대한 과학적으로 풀어서 미래 사회의 일을 논리적으로 풀어갈 것이라고 이야기하였습니다. 그러므로 종교적인 용어나 비유적인 부분을 최대한 과학적으로 풀어서 쓴다고 말씀드렸습니다.

사도 요한은 이러한 대환란 상황을 계시로 보고 이를 종교적으로 묘사한 것이다. 과학적인 사실을 종교적으로 묘사하다 보니 다소 읽기가 난해하고 어색할 수밖에 없다.

성경에서 나타난 '대환란의 시기', 즉 레이커즈 와일이 예측하는 2045년 '기술적 특이점'의 시기 이후로 생각되는 그 시기에 많은 일이 일어날 것임은 분명해 보입니다. 통제를 하려는 인공지능 소유 집단과 국가 시스템이 인간들과 부딪히게 될 것임이 분명해 보이기 때문입니다. 즉, 소비를 시키려는 집단과 억지 소비의 삶을 싫어하고 자유를 선택하려는 인간, 그리고 그 상황을 오히려 즐기며 자신의 자유를 포기하는 인간, 또한 기독교인들을 중심으로 아예 이러한 통제에서 벗어나서 살려고 하는 인간 등등 많은 부류의 인간들로 나뉘게 될 것입니다. 이 과정에서 어쩌면 전면전이 벌어질지도 모릅니다.

인공지능과 요한계시록 그리고 부활 환생의 비밀

인간과 기계 인공지능 사이에 벌어질 전쟁은 아마겟돈 전쟁이라고도 잘 알려져 있다. 그리고 이 전쟁의 승자는 인간이다.

　내부적으로는 저항 세력이 나타나게 되고, 외부적으로는 기독교 원론주의자들을 중심으로 한 혁명 세력이 주축이 되어 기계 인공지능 집단과 한판 전쟁이 벌어질 수도 있습니다. 그것이 바로 성경에서 말하는 아마겟돈 전쟁이 되겠죠. 하지만 최후의 승자는 인간들이 될 것입니다. 인간은 항상 그래왔듯이 기계보다는 한 수 위였거든요. 인간들은 반드시 기계를 이길 힘을 갖게 될 것입니다.

　이렇게 이야기하니까 무슨 공상과학 소설 같네요. 하지만 이 부분에 대해서는 모든 미래학자들, 그중에서도 특히 인공지능학자들이 지금 현재 현실적으로 고민하고 있는 문제들인 것을 잊지 마시기 바랍니다. 심지어 어떤 학자들은 이 싸움에서 인간이 절대 이길 수 없을 것이라고 말하는 사람들도 있는 것이 현실입니다.

하지만 인류는 반드시 기계 인공지능 집단과의 싸움에서 이기게 될 것입니다. 기계의 진정한 주인은 인간이지 않습니까? 처음에는 인간이 기계에 밀리는 양상이 되어 힘들지도 모르지만 인간의 지혜로 반드시 이기게 될 것입니다. 그것이 요한계시록의 결론입니다.

그리고 이 시기에 기독교인들은 혁혁한 공헌을 세우게 될 것입니다. 기독교인들과 관련된 이야기를 조금 더 해보자면 666과 관련된 이야기가 제일 문제가 되었던 상황은 사실 1970년대부터 나왔었습니다. 바로 베리칩 이야기입니다. 베리칩에 대해서는 들어보신 분들이 많으실 것입니다.

그때 당시에도 이미 개인정보 보호 문제가 사회 문제로 떠올라서 미국에서 사람들에게 개인 인식 역할을 해주는 베리칩을 심어야 한다는 말이 나왔었거든요. 예를 들기가 좀 뭣하지만, 지금 현재 우리나라에서도 애완견들에게 칩을 심어서 관리하고 있습니다.

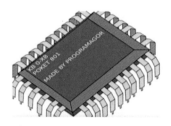

1970년대 당시에도 미국에서 개인정보를 보호하기 위해서 사람들에게 베리칩을 심어서 개인들의 식별을 안전하게 하자는 말이 나왔었다. 그 당시 기독교인들의 강력한 반대로 무산이 되기는 했지만 그때도 미국 정부가 일반 국민들을 통제하려고 한다는 많은 비판이 나왔었다. 지금 현재 애완견들에게는 이러한 칩을 심어서 관리를 하고 있다.

인공지능과 요한계시록 그리고 부활 환생의 비밀

대환란이 지난 후에는 다음 단계로 진행이 되는데 그것이 바로 천년왕국이다. 천년왕국은 성경 해석상 가장 난해한 부분이다. 하지만 우리는 그것을 어렵게 생각할 이유가 전혀 없다. 이는 말 그대로 인간 수명이 천 년으로 연장이 되는 시기를 말하는 과학적인 용어이기 때문이다.

이렇게 사람들에게 하자는 말이 이미 1970년대에 나왔었던 겁니다. 그러자 미국에 있는 기독교인들이 다 들고 일어나서 반대를 했었습니다. 여러분도 다 아시다시피 미국은 기독교 국가잖아요. 그들은 요한계시록에 있는 내용들을 근거로 그것은 사탄의 행위를 방치하는 것이라며 엄청난 반대 운동을 벌였던 것입니다. 그 정도로 이미 1970년대에도 기독교인들은 이 베리칩이라는 것에 대해서 민감하게 반응을 했었습니다.

물론 기술적 특이점에 이르는 시기에 인간을 소비만을 위한 존재로 만들려고 하는 인공지능 집단은 새로운 방식으로 인간을 통제하게 될 것입니다. 그 방식이 구체적으로 어떠한 방식이 될 것인지는 정확히 알 수가 없습니다. 하지만 분명한 것은, 인간 신체의 어느 부분인가에 어떠한 조치를 할 것이라는 점은 어느 정도 예상이 되는 부분입니다. 기독교인들이 이러한 행위에 대해 제일 반발할 가능성은 충분해 보입니다. 즉, 주도적으로 저항을 하게 될 것이라는 겁니다. 기독교인들은 거의 알레르기를 일으킬 정도로 그것을 싫어하거든요.

이 대환란의 시기는 기독교인들에게 제일 힘든 시기가 될 것입니다. 하지만 앞에서도 말씀드렸다시피 이 싸움에서는 반드시 인간이 이기게 될 것입니다. 그러한 내용을 성경이나 심지어 SF 영화, 미래 소설에서까지 모두 이야기를 해주고 있다는 사실은 그러한 바람을 표현한 것입니다.

4.
2단계:
천년왕국 시대, 인간 수명 천 년 시대

    최후의 전쟁이 인간의 승리로 돌아간 후에는 그다음 시기로 진입이 됩니다. 이것이 바로 성경에서 말하는 천년왕국의 시대입니다. 이 시기가 천년왕국인 이유는 우연의 일치인지도 모르지만 이 시기가 되면 인간의 수명이 대략 1,000년으로 연장되는 시기가 됩니다.

    기술적 특이점 시기가 되면 가장 완성도가 높아지는 분야가 인간의 궁극적 목표인 바이오 분야입니다. 우리가 흔히 말하는 GNR이라는 말이 기술적 특이점 시기의 핵심 키워드인데 그 말은 바로 Genetics, Nanotechnology, Robotics를 뜻하는 말입니다. 즉 유전학, 나노기술, 인공지능학 정도로 알고 계시면 되겠습니다. 그런데 이 세 가지를 통해서 과학자들이 제일 하고 싶어 하는 일이 바로 인간 수명의 연장입니다.

요즘 코로나 백신을 만드는 방법에 대해 매스컴에서 RNA 백신이니, DNA 백신이니 말하는 것에 대해서 들어보셨을 겁니다. 지금까지 백신을 만드는 방법은 이러한 방법이 아니었습니다. 쉽게 말하면 원래의 바이러스나 균, 즉 항원을 약화시켜 사람의 몸에 주입하여 항체를 만들어내는 구조였죠. **하지만 이번에 모더나와 화이자라는 회사에서 만들어낸 백신은 이와는 근원적으로 다른 구조입니다. 일종의 인공지능을 이용해서 치료 단백질을 만들어내는 것인데요. 이게 아주 어려운 일입니다.**

이에 대해서 조금 더 자세히 설명드리겠습니다. 이게 조금 어려운 이야기이지만 추후에 전개될 이야기를 이해하기 위해서는 조금 알고 넘어가시는 것이 좋을 것 같습니다. 자세히 읽어보시면 고등학교 때 배운 생물학 정도의 지식이니 너무 겁을 안 먹고 보셨으면 좋겠습니다.

우리가 새로운 신약을 만들기 힘든 이유는 단백질의 다양성 때문입니다. 대부분의 약들은 단백질로 이루어져 있거나 단백질을 포함하고 있습니다. 그러므로 새로운 신약을 만든다는 것은 새로운 단백질을 개발해낸다는 말이기도 합니다. 그런데 문제는 이 단백질의 구조가 너무 다양하다는 데 있습니다. 지구상 70억 명 인구의 얼굴이 다른 만큼 지구상에 존재하는 단백질도 그 이상으로 다양합니다.

그 이유에 대해서 설명드리겠습니다. 보통 단백질은 평균 300

개 정도의 아미노산이 모여서 하나의 단백질을 만들어내게 됩니다. 여기서부터가 어마어마한 일이 벌어지게 되는 구간입니다. 즉, 순서를 보자면 아미노산이 모인 다음에 → 단백질이 되는 셈이죠.

보통 아미노산의 종류는 20개 정도가 있습니다. 이러한 20개의 아미노산 중에서 골라서 300개가 결합하려 하면 그 경우의 수는 20^{300}이 됩니다. 그리고 이 경우의 수를 10진수로 변환을 시키면 약 10^{390}이 됩니다. 즉, 20개의 아미노산 중에서 300개를 골라서 배열하는 경우의 수가 그렇다는 말입니다.

이것은 실로 어마어마한 경우의 수이지요? 단적인 예를 들자면 우주에 존재하는 모든 원자의 숫자를 합쳐도 10^{80}개 정도입니다. 이것도 실로 어마어마한 숫자입니다. 너무 큰 숫자이기 때문에 언뜻 이해가 가지 않으실 겁니다. 지구의 인구가 지금 한 70억 명 정도 된다고 하지요? 이는 십진수로 하면 10^{9}정도 됩니다.

비밀번호 7개 짜리 가방 즉 10^7 정도가 로또복권 1등 당첨확률

문제는 아미노산에서 단백질이 만들어지는 경우의 수가 너무 많은 경우의 수를 가진다는 것이다. 단백질에 들어 있는 아미노산의 수가 보통 수십 개(10의 수십 승)에서 수천 개(10의 수천 승)까지 있고, 평균적으로 따지면 수백 개 정도(10의 수백 승)이기 때문이다. 그리고 이러한 단백질의 종류는 약 10만 개에 이른다.

이게 얼마나 어마어마한 경우의 수를 맞추는 것이냐면, 로또 복권을 예로 들어서 설명해보겠습니다. 로또 복권 1등에 당첨될 확률은 814만 분의 1이므로 거의 10^7 정도 됩니다. 그러면 아미노산 300개짜리 단백질이 만들어질 확률인 10^{390}의 1의 확률에 당첨이 되려면 로또 복권 1등에 매주 당첨되어서 거의 56주 정도 연속 당첨될 확률이 됩니다. 즉, 한 주도 안 빼고 1년 내내 1등에 당첨될 확률입니다.

여러분 주위에서 로또 복권 1등에 당첨되신 분을 본 적이 있으신가요? 엄청난 행운이죠? 그런데 이분이 한 10주 연속 1등에 당첨이 된다고 생각을 해보세요. 이것이 가능한 일일까요? 이쯤 되면 복권 당국에 문제 제기가 들어가겠지요? 또한 엄청난 음모론이 제기될 것입니다. 즉, 추첨 결과를 누군가 조작한다는 생각을 할 것이기 때문이죠. 누구나 그렇게 생각을 하지 않겠습니까?

현재 신약의 개발이 늦어지고 시간도 오래 걸리는 이유는 바로 이러한 이유 때문입니다. 신약을 만든다는 것은 일종의 신약 단백질을 만드는 것이고, 그것은 곧 이처럼 무지막지한 경우의 수를 뚫어내야 한다는 것을 의미하는 것입니다.

하지만 미래에는 인공지능이 이러한 문제를 획기적으로 개선해줄 것입니다. 그래서 신약의 개발이 더 쉬워지고 그를 통해서 인간의 수명이 획기적으로 개선됩니다. 최근 벌써 이러한 제약회사들이 많이 생겨나고 있습니다. 제약회사인데 그 연구실에 위와 같이 전통적인 제약 연구 시설이 있는 것이 아니라 슈퍼컴퓨터만

인공지능과 요한계시록 그리고 부활 환생의 비밀

요즈음 제약회사 중에는 실험실이 없고 슈퍼컴퓨터만을 가지고 있는 제약회사가 늘어나고 있다. 이제 단백질의 아미노산 구조를 코딩으로 하는 시대가 되었기 때문이다.

있는 제약회사들이 늘고 있습니다. 이제는 약을 일일이 개발하는 것이 아니라 컴퓨터 코딩을 하는 것처럼 슈퍼컴퓨터로 코딩을 해서 약을 개발하는 시대가 되었기 때문입니다.

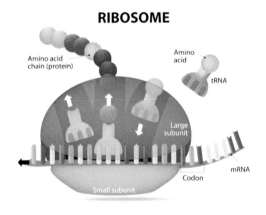

위 그림은 우리 세포 내의 리보조옴이라는 곳에서 아미노산이 만들어지는 과정을 나타내고 있다. 사실 우리 몸에서 단백질이 만들어지는 과정도 컴퓨터 코딩과 비슷하다. DNA 염기 서열인 ATTUGGATT… 중에서 3개씩 끊어내어서 아미노산을 만들어내는 것이기 때문이다.

세포 내에서 단백질이 만들어지는 과정을 보면 컴퓨터 코딩과 유사한 것을 볼 수 있습니다. 마찬가지로 이제는 새로운 신약 개발 과정에서 위와 같이 컴퓨터 코딩을 하는 것처럼 유전자를 코딩할 수 있는 시대가 되었습니다. 참 놀라운 일이죠? 그때 쓰이는 핵심적인 기술이 바로 인공지능입니다. 그래서 제약회사에서 슈퍼컴퓨터가 쓰이는 것입니다.

신약을 개발하기 위해서는 보통 10년 정도가 걸리고 비용도 수천억 원에서 많으면 수조 원까지도 듭니다. 그 이유가 바로 신약개발의 복잡성 때문이었지요. 하지만 인공지능을 이용한 신약 개발은 비용과 시간을 엄청나게 줄여주고 무엇보다도 임상 실패의 가능성을 거의 제로로 줄여줍니다. 왜냐하면 인공지능은 실수를 하지 않기 때문입니다.

여기서 우리가 알아야 할 점 중에서 제일 중요한 점은, 인공지능이 우리 사회의 모든 분야에서 쓰이게 되지만 가장 핵심적인 부분이 바로 바이오 분야라는 겁니다. 더구나 특이점 이후에는 공학과 의학의 접목이 획기적으로 늘게 되어 공학-의학의 발전을 급속화시킬 거라는 것입니다.

그 예로, 가장 핵심적인 기술이자 인공지능의 최종적인 목적 중의 하나이기도 한 나노테크놀로지라는 미래의 기술에 대해서 알아보기로 하겠습니다. 2045년 이후로 생각되는 기술적 특이점의 시작은 인공지능과 나노기술과의 결합을 통해 그 효과를 극대화시킬 것입니다. 나노기술은 말 그대로 10억분의 1m(10^{-9}m) 단

인공지능과 요한계시록 그리고 부활 환생의 비밀

위의 기술을 말합니다. 즉, 그 수준 크기의 물질을 다룬다는 의미입니다.

나노테크놀로지의 의미는 그 크기의 작음에 있습니다. 즉, 미세한 크기의 기계를 조작하게 되면 그보다 더 큰 기계, 특히 세포라는 큰(?) 기계를 조작할 수 있다는 이점이 있습니다.

현재 생명공학의 발전 속도가 느린 이유는 세포의 크기에 있습니다. 세포의 크기가 너무 작다는 것이 그 이유입니다. 너무 작기 때문에 인간이 만든 현미경이나 전자현미경 등 현재의 장비로는 관찰은 가능하지만 세포를 조작하기에는 아직 어려움이 많습니다.

세포의 크기는 작은 것은 1마이크로m(10^{-6}m)에서 10마이크로m(10^{-5}m) 크기 정도입니다. 즉, 100만분의 1m나 10만분의 1m라고 생각하시면 됩니다. 이렇듯 너무 작기 때문에 세포에 약물을 투입한다거나, 세포 자체를 조작해서 어떠한 작업을 한다는 것이 매우 어려운 일이었습니다.

하지만 최근에 급속도로 발전하고 있는 나노기술은 이러한 일을 아예 다른 차원으로 접근할 수 있게 만들어주고 있습니다. 나노 단위, 즉 10억분의 1m(10^{-9}m) 단위로 접근할 수 있게 만들어주었기 때문입니다. 즉, 일반 세포보다 최소 1,000배 이상 작은 단위입니다. 세포보다 1,000배 이상 작은 단위로 접근한다면 못 고칠 병이 없겠지요?

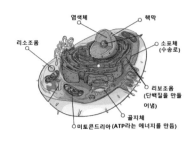

위 그림에서 보면 세포와 나노 로봇 크기의 차이를 알 수 있다. 나노 로봇은 일반 세포보다 1,000배나 더 작다. 우리가 세포 다루기가 힘든 것은 세포가 너무 작아서였다. 하지만 나노 로봇에게는 세포가 거대한 공장처럼 크다. 그래서 세포의 모든 문제점을 파악하기가 쉽고 또한 고치기도 쉽다.

이것을 로봇의 형태로 개발하고 있는 것이 나노기술의 바이오 분야입니다. 사실 이 기술이 현실화된다면 바이오 분야에서는 거의 혁명급의 일이 일어날 것입니다. 지금은 작아서 접근조차 하기 힘든 세포에 그보다 1,000배나 작은 나노 기계를 투입해서 세포를 직접 보면서 치료할 수 있다면 어떻게 될까요? 과연 치료하지 못할 병이 있을까요?

나노바이오의 기술 중 하나를 예로 들어보겠습니다. 우리 몸의 피에는 적혈구라는 것이 있습니다. 적혈구 말고 백혈구, 혈소판도 있죠. 다들 아시다시피 적혈구는 산소를 나르는 역할을 합니다. 백혈구는 우리 몸의 면역력을 담당하고요.

그런데 지금 나노바이오학자들이 연구하는 주제 중의 하나가 우리 몸의 적혈구와 백혈구를 모두 나노 로봇으로 대체하는 것입니다. 사실 우리 몸에 이상이 생길 때는 많은 부분이 적혈구와 백혈구의 이상에서 온다고 보고 있습니다. 그런데 이 두 세포가 우리가 완전히 컨트롤할 수 있는 나노 로봇으로 대체가 된다면요? 우리 몸의 대부분 질환이 없어지겠지요?

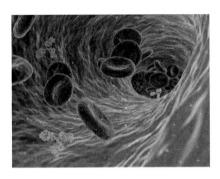

나노 로봇의 인체 적용 예로 적혈구 나노 로봇과 백혈구 나노 로봇을 들어보자. 만약 인간의 적혈구와 백혈구가 나노 로봇으로 대체가 되어 두 세포의 기능에 이상이 없이 기능을 완벽히 수행한다면 우리 몸에 있는 질환의 99%는 모두 사라질 것이다.

　즉, 적혈구 나노 로봇을 활용하여 우리 몸 구석구석에 산소를 완벽하게 보낼 수가 있게 되어 우리 몸의 세포들이 산소를 100% 활용할 수 있게 된다면요? 아마 우리 몸 질병 중의 90% 이상이 없어지게 될 것입니다. 그리고 또한 면역을 담당하는 백혈구 나노 로봇을 이용하여 우리 몸의 면역력을 극대화시켜서 어떠한 바이러스나 세균도 없앨 수 있다면요? 우리 몸의 모든 질환을 없앨 수 있게 될 것입니다. 이러한 이유로 기술적 특이점 시대가 되면 인간 수명이 1,000년 이상으로 연장된다는 말이 나오고 있는 것입니다.

그런데 여기에서 한 가지 난제에 부딪힙니다. 우리 몸에는 세포가 약 60조 개에서 100조 개 정도가 있습니다. 즉, 하나의 장기에 있는 세포의 수가 기본 단위로 몇천억 개 정도로 많습니다.

그러니까 하나의 장기를 치료하기 위해서는 기본적으로 수천억 개 내지는 수십조 개의 나노 로봇이 필요합니다. 문제는 이 많은 수의 나노 로봇을 컨트롤하기 위해서 엄청난 조종 능력이 필요하다는 것이죠. 수조 개의 나노 로봇을 컨트롤하기 위해서는 지금의 슈퍼컴퓨터 몇 대가 필요할지도 모릅니다. 아마 지구상에 있는 슈퍼컴퓨터를 다 합쳐도 몇조 개의 로봇을 조종하기는 힘이 들지도 모릅니다.

여기에서 또 등장하는 것이 인공지능 문제입니다. 즉, 수조 개의 로봇을 조종하기 위해서는 지금의 슈퍼컴퓨터를 능가하는 인공지능이 반드시 필요합니다. 이것이 바로 모든 기술이 집약되는

이미 지금 실리콘 밸리에서는 이러한 첨단 기술들이 연구되고 있으며, 많은 논의와 투자들이 이루어지고 있다. 특히 놀라운 점은 그곳에서는 인간의 수명이 몇백 년으로 연장될 수 있다는 사실은 이미 상식적으로 통하고 있다는 점이다.

인공지능과 요한계시록 그리고 부활 환생의 비밀

기술적 특이점이 필요한 이유입니다. 즉, 나노테크놀로지를 완성하는 최종 기술은 인공지능 기술이라는 말입니다.

지금 실리콘 밸리에서는 인간의 수명이 수백 년으로 연장될 수 있다는 사실이 기정사실로 되어 있고 이것을 위한 연구에 박차를 가하고 있는 것이 현실입니다. 즉, 실리콘 밸리에서는 인간 수명이 수백 년으로 연장될 수 있는 것이 이미 상식화된 사실이고 심지어 지금 현대 기술이 극대화된다면 인간 수명이 영생을 할 정도로 연장될 수 있다고까지 생각하고 있습니다.

요한계시록에 나온 대환란과 천년왕국과 잘 비교해보시면 왜 이런 이야기들이 지금 나오고 있는지 아마 이해가 되실 겁니다. 대부분의 사람들은 인간의 수명이 수백 년 혹은 수천 년으로 연장된다는 말을 들으면 당혹감을 느끼실 것이며 처음에는 도저히 믿기지 않는다는 반응을 보이실 겁니다.

하지만 다시 한번 말씀드리지만 이 이야기는 제가 하는 말이 아닙니다. 과학자들, 그것도 전 세계에서 제일 유명한 과학자들이 하는 말입니다. 또한 실리콘 밸리에서는 이러한 인간 수명 연장 프로그램에 이미 수천억 원씩 투자가 이루어지고 있는 실정입니다.

실리콘 밸리가 어디입니까? 전 세계에서 제일 똑똑한 사람들이 모여서 과학적 혁신을 이루어내는 곳 아닙니까? 그런 곳에서 이미 인간 수명 연장에 대한 논의가 당연시되고 이러한 사업에 이미 활발하게 투자가 이루어지고 있는 것을 볼 때, 이러한 기술들이 이미 우리 생활의 가시권에 들어온 것으로 보아야 합니다. 이 기술들이 완성되는 시기가 바로 천년왕국으로 진입하는 시기가 되는 것이지요. 천년왕국은 기술적 시기나 역사적 진행 과정의 시기로 볼 때 대환란 시기 이후에 오는 것이 확실해 보입니다.

천년왕국 시대는 진정한 의미의 유토피아는 아니다. 하지만 세미 유토피아 정도로 부를 수 있을 정도로 고도화된 기술 사회이다. 배고픈 사람과 아픈 사람이 거의 사라지게 될 것이기 때문이다. 하지만 그럼에도 불구하고 진정한 유토피아는 아니다. 아직도 사람이 죽어나가는 시대이고 그 끝에는 곡과 마곡의 전쟁이 남아 있기 때문이다(요한계시록 20장 7~8절).

이 시기에는 기독교인들이 주축이 되어서 새로운 사회를 만들게 될 것입니다. 그 이유는 대환란 시기에 기독교인들이 기계 인공지능의 통제에 가장 크게 저항하게 될 것이고, 또한 그 상황에서 벗어나려고 가장 큰 투쟁을 벌이게 될 것이기 때문입니다. 그리고 그 과정에서 기독교인들이 주도적인 역할을 할 수 밖에 없는 구조가 될 것입니다. 그들은 또한 이러한 일이 절대 재발하지 않도록 하기 위해 엄청난 노력을 하겠죠. 즉, 사회를 바르게 세우

인공지능과 요한계시록 그리고 부활 환생의 비밀

고 특히 그 속에 기독교적인 가치를 정립하려고 노력하게 될 것입니다. 이것이 요한계시록에서 말하는 기독교인들이 주님과 함께 다스리는 천년왕국 사회입니다.

인공지능을 비롯한 모든 첨단 기술은 이제 일부 기업이나 국가의 소유가 아니라 전 인류의 소유가 됩니다. 이때의 인공지능의 수준은 이미 인간의 능력을 훨씬 더 넘어선 상태이기 때문에 그 발전 속도를 가늠하기가 힘들 정도가 될 것입니다. 하지만 이제 인류는 인공지능의 발전 속도에 겁을 먹지 않습니다.

왜냐하면 이제는 인간의 직업을 빼앗아 가는 경쟁자가 아니라 인간과 완전히 어우러지는 동료가 될 것이기 때문입니다. 이 시대에는 인공지능을 소유하려고만 했던 인간들의 욕심이 없어지고 전체 인류 전체를 위해 공유하는 것이 일반화될 것입니다. 사실 그렇게 되면 문제될 것이 없습니다. 모든 것의 문제의 뿌리에

천년왕국은 인간의 수명이 급격히 늘어나서 인간의 수명이 1,000년까지 늘어나게 되는 사회를 말하는 것이다. 지금 현재 미래학자들도 인간의 수명이 수백 년 이상 늘어나게 될 것이라는 의견이 지배적이다.

는 인간의 욕심이 있었기 때문입니다. 천년왕국은 인간의 욕심이 어느 정도는 사라지는 단계에 도달하는 사회입니다.

인공지능의 발달은 우리의 모든 것을 변화시키게 됩니다. 이미 이 획기적인 인공지능은 2050년경에는 인간의 수명을 약 150년으로 늘려놓을 것으로 예상되고 있습니다. 그 비법은 인공지능을 이용한 신약 개발과 나노기술에 있다고 했습니다.

사실 인공지능이 개발되기 전에는 인간 스스로의 힘으로만 약을 개발했습니다. 시간이 아주 많이 걸렸지요. 하지만 인공지능이 개발된 후에는 인공지능의 힘으로 모든 신약 개발을 빠르고 정확하게 해내게 될 것입니다.

이러한 기술들로 말미암아 2030~2040년경에 암은 정복될 것이며 당뇨나 고혈압 같은 만성 질환들도 극복이 되어갈 것입니다. 또한 여러분들도 많이 들어보셨겠지만 인간 노화의 핵심인 텔로미어에 대한 연구도 완성이 되어가고 있습니다. 텔로미어를 늘리는 텔로머라아제 기술이 완성에 이르면 인간의 수명이 획기적으로 개선될 것임은 우리 모두가 잘 알고 있는 내용입니다.

또한 최근에 주목받고 있는 유전자 가위인 크리스퍼를 통해서 인간의 유전자를 100퍼센트 조작할 수 있는 시대도 다가오고 있습니다. 인간은 이 유전자 가위를 통해서 불치병을 극복해나가게 될 것입니다.

인공지능과 요한계시록 그리고 부활 환생의 비밀

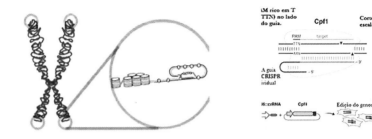

GNR이라는 말은 Genetics, Nanotech, Robotics를 일컫는 말인데 유전자학, 나노기술, 인공지능 등을 가리키는 말이다. 이 세 가지 혁신적인 기술의 발전은 인간의 수명을 무제한으로 늘려갈 것이다. 특히 크리스퍼 등등 유전자 분야에서의 획기적인 발전은 나노기술과 인공지능 발전과 함께 결합하여 엄청난 시너지 효과를 나타낼 것이다.

또 하나의 발전의 축에는 나노과학기술을 통해 개발된 나노 로봇이 있다고 했습니다. 나노 로봇은 우리의 세포보다 수천 배나 작은 단위의 로봇입니다. 그 크기를 보면, 우리의 세포를 거대한 야구장으로 생각했을 때 나노 로봇은 조그마한 청소기 정도의 크기입니다.

우리가 아직 암세포를 제대로 치료하지 못하는 이유는 세포의 크기가 너무 작기 때문이라고 했습니다. 모든 것을 화학적으로 처리해야 하기 때문에 그 정확도가 떨어지는 것이죠. 하지만 그 세포보다 수천 배나 작고 또한 정교한 로봇을 제작해서 그 세포를 직접 치료할 수 있다면 못 할 일이 거의 없어질 것입니다.

예를 들자면 지금 쓰고 있는 항암제들의 부작용이 큰 이유는, 항암제를 직접 암세포에 집어넣는 개념이 아니기 때문에 우리 몸의 정상적인 세포들까지 영향을 받게 되어 암세포뿐만 아니라 정상적인 세포들까지 죽게 된다는 것이 문제입니다.

하지만 암세포보다 수천 배나 작은 나노 로봇에 항암제를 집어넣어 컴퓨터 모니터를 보면서 암세포를 찾아내어 직접 항암제를 집어넣는다면 정상 세포에는 영향을 주지 않고 암세포만을 죽일 수 있게 될 것입니다. 이것이 바로 지금 현재 진행되고 있는 나노기술인 것입니다. 나노기술이 완성되리라고 예상되는 2030년대 말쯤이면 암이 정복된다고 하는 이유가 여기에 있습니다. 암뿐만이 아닙니다. 인류를 괴롭히는 대부분의 질환들이 정복될 것입니다.

나노기술 또한 인간의 거의 모든 질병 치료에 다가가게 하는 하나의 요소이다. 나노 로봇은 세포보다 1,000배나 작은 기계로서 노동자(나노 로봇)가 거대한 공장인 세포에 들어가 세포 하나하나를 직접 수리하는 셈이 되므로 지금까지의 세포 치료와는 비교가 되지 않을 정도의 효과를 나타낼 것이다.

또한 최근에 주목받고 있는 것 중의 하나가 면역 치료입니다. 예를 들자면, 암에 걸린 환자에서 T세포라고 불리는 면역세포를 끄집어내어 암세포를 더 강력하게 치료할 수 있는 능력을 심어주고 그것을 사람의 피에 다시 집어넣어 그 면역력을 극대화시키는

인공지능과 요한계시록 그리고 부활 환생의 비밀

것입니다. 이러한 기술들의 연합으로 인간의 수명이 획기적으로 연장이 되어 거의 1,000년에 가까워진다는 것입니다.

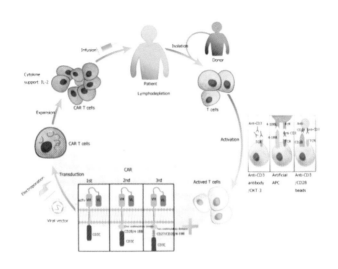

면역 치료의 과정. 면역 치료는 자연 면역이 약한 환자의 면역세포를 밖으로 꺼내어 면역을 강화시키는 장치를 심어준 후 다시 환자의 피에 넣어서 면역을 강화시키는 방법이다.

또한 기계공학 분야에서는 인공장기가 일반화될 것입니다. 기계가 인간의 일부분이 되어가는 것입니다. 즉, 인간과 기계의 결합이 일반화되어 인간의 부족한 장기나 근력을 보충해주거나 아예 대체하게 된다는 것입니다. 우리는 이것에 대해서 지나치게 부정적으로 생각하는 경향이 있는데 그럴 이유가 없는 것이 이러한 것도 하나의 과정이기 때문입니다.

인간의 수명이 더 연장된다면 인간의 기술은 더 발달하게 될 것이고, 지금은 기술이 조금 부족하기는 하지만 앞으로 생체세포 재생 기술이 발달하게 되면 이러한 불편한 기계 몸(?)을 벗어날 수 있게 될 것이기 때문입니다. 또한 줄기세포술이 고도로 발달하게 되어 인간의 노화가 획기적으로 개선될 것입니다.

당분간은 인공장기가 보편화될 것이다. 하지만 이러한 인공장기는 과학이 더 발달하면 더 자연스러운 줄기세포를 통한 장기 재생이나 나노 로봇으로 대체될 것이다.

또한 21세기 후반에 이르면 컴퓨터는 양자컴퓨터로 발전될 것입니다. 양자컴퓨터는 지금의 컴퓨터와는 차원이 다른 컴퓨터로, 지금 컴퓨터의 처리 속도보다 수천억 배 이상의 속도를 낼 수가 있습니다. 이를 이용해 양자슈퍼컴퓨터를 만들어낸다면 그 능력은 가히 상상하기 힘들 정도겠지요?

인공지능과 요한계시록 그리고 부활 환생의 비밀

21세기 후반에는 본격적인 양자컴퓨터 시대가 될 것이다. 양자컴퓨터는 지금 우리가 가지고 있는 슈퍼컴퓨터보다도 수천억 배 빠른 속도를 가지게 될 것이다. 그리되면 인간이 가지고 있는 대부분의 문제를 해결할 수 있을 것이다.

　천년왕국 시대에는 비약적으로 발전된 인공지능과 과학기술이 인간을 노동에서 점점 더 해방시켜줄 것입니다. 하지만 아직 완전한 해방은 아닙니다. 국가 간의 경쟁도 여전할 것이고 더 나은 세상을 위한 인간들의 경쟁은 계속될 것이기 때문입니다. 하지만 기본적으로 인간의 수명이 거의 1,000년에 이르는 시대가 될 것이고 기본적인 질병과 노화가 해결되는 시대이기 때문에 진정한 천국, 즉 유토피아의 삶이라고 볼 수는 없으나 거의 세미 유토피아에 가까운 시대가 될 것입니다.

　또한 인류는 마침내 행성 개발에 박차를 가하게 될 것입니다. 그리고 환경오염 때문에 지구에서는 더 이상의 자원 발굴이 금지될 것이고 모든 자원의 개발은 가까운 다른 행성들에서 하게 될 것입니다.

인간 수명 1,000년 시대가 되면 과학 발전의 속도가 지금 우리가 상상하는 것 이상으로 발전할 것이다. 그때가 되면 우리의 주된 업무는 우주 개발이 될 것이다.

인간 수명 천 년의 시대인 1,000년 동안에는 인류의 문명이 어느 정도 발전할까요? 이것을 상상하기는 힘듭니다. 왜냐하면 기술 발전의 속도가 인간의 노력이 아니라 기계 인공지능의 발전 속도에 의해서 좌우될 것이기 때문입니다.

지금까지 인류의 과학 발전은 인간 사회의 몇 명 천재들에 의존을 해왔습니다. 뉴턴이라든지 맥스월, 아인슈타인 등등의 천재들에 의해서 좌우되어왔지요. 하지만 이제는 이러한 천재가 필요가 없습니다. 왜냐하면 이들보다 무한히 머리가 좋은 천재, 즉 기계 인공지능이 쉬지도 않고 늙지도 않으면서 1년 365일 획기적으로 과학을 발전시켜줄 것이기 때문입니다. 상상이 되시나요? 이러한 면에서 본다면 인간의 과학은 대체 어느 정도까지 발달할 수 있을까요?

러시아 물리학자인 카르다쇼프는 1963년 우주의 문명 단계를 3단계로 분류했습니다.

인공지능과 요한계시록 그리고 부활 환생의 비밀

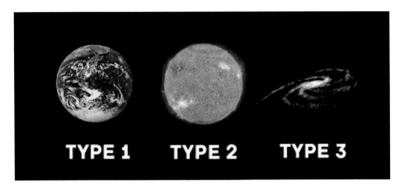

러시아 물리학자 카르다쇼프의 우주 문명의 발전 3단계. 1단계는 지구 전체의 에너지를, 2단계는 태양 에너지, 3단계는 은하 전체의 에너지를 사용할 수 있는 문명 단계로 분류했다.

제1형은 한 행성의 전체 에너지를 이용하는 수준, 즉 지구 전체의 에너지를 이용하는 수준이고, 제2형은 태양의 에너지 전부를, 제3형이란 은하 전체의 에너지를 이용할 수 있는 수준이라고 했습니다. 언뜻 들으면 무슨 의미인지 알기가 힘들 것 같아서 이것을 한번 풀어서 말해보겠습니다.

제1형은 행성 수준의 에너지를 이용할 수 있다고 했는데 이는 그 행성의 날씨나 지진, 화산활동을 제어하는 수준이 된다는 것입니다. 그리하여 바다 위에 수중도시를 건설할 수 있을 정도가 돼요. 그리고 우주에도 진출하여 지구 주위의 다른 행성에 위성도시, 즉 식민지를 건설하여 생활할 수 있다고 합니다.

카르다쇼프 1단계는 지구 전체 에너지를 사용할 수 있는 정도의 문명 수준을 말한다. 이때는 지구 주위에 행성도시 등을 건설할 수준으로, 예를 들자면 달에 기지를 만들거나 화성에 식민지를 건설하는 수준이 된다.

제2형은 태양 에너지를 조절할 수준이 된다고 했는데 이는 우리가 태양의 내부에서 일어나는 핵융합 에너지를 조절할 수 있을 정도의 수준이 되는 것을 뜻합니다. 현재 지구에 도달하는 태양의 에너지 중 우리가 쓰는 에너지는 약 22억분의 1 정도밖에 안 됩니다. 우리는 그중의 극히 일부를 쓰면서 살아가고 있는 셈이지요.

이러한 태양의 에너지를 우리가 100프로 활용할 수 있게 된다면 어떤 상황이 될까요? 엄청난 일이 되겠지요? 또한 이때는 광속에 가까운 우주선이 개발되어 다른 우주의 탐사 능력이 월등하게 발전될 것이라고 합니다.

인공지능과 요한게시록 그리고 부활 환생의 비밀

카르다쇼프 2단계 문명은 태양의 에너지 전체를 쓸 수 있는 문명이다. 이때가 되면 광속 수준의 우주선도 개발이 될 것이어서 멀리 떨어진 우주 행성 개발이 본격화할 것이다.

　제3형은 은하 전체의 에너지를 사용할 수 있는 수준을 말한다고 했는데요, 이 수준이 되면 은하계의 통로인 웜홀(worm hole)을 이용해서 자유스럽게 돌아다닐 수가 있고 블랙홀의 힘을 이용할 수도 있습니다. 그리하여 자신의 은하계 전체에 식민지를 건설할 수 있게 되는 수준이 됩니다.

　타임워프라는 시공간 초월 기술을 이용하여 빛보다도 빠른 속도로 은하 전체를 돌아다닐 수가 있고, 이때가 되면 인간은 언어를 사용하지 않고 텔레파시로 대화를 나누는 수준이 된다고 합니다.

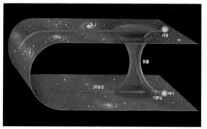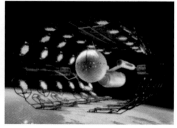

카르다쇼프 3단계는 은하 전체의 에너지를 쓸 수 있는 문명 단계이다. 이때는 웜홀을 통과하여 우주를 공간적으로 이동하거나 타임워프 기술들이 상용화되어 시간에 구애받지 않고 우주를 자유스럽게 드나들며 우주도시를 개발할 수 있는 시대가 될 것이다.

그 후에 여러 학자들에 의해서 카르다쇼프 척도는 6단계까지 확장되었는데, 제4형은 에너지를 쓸 수 있는 수준이 은하단의 수준으로 확장됩니다. 은하단이라는 것은 은하가 수백 개에서 수천 개가 뭉쳐 있는 단위이며 그 크기는 수백만, 수천만 광년에 이르게 됩니다. 이는 은하단의 단위를 전부 통합한 문명을 뜻합니다. 이때는 은하단의 모든 에너지와 물질들을 다 사용할 수 있는 문명이 되며, 은하단 전체의 항성과 은하들을 합친 힘보다 더 큰 에너지를 사용할 수가 있게 됩니다.

그리고 카르다쇼프 제5형에 이르게 되면 사용 가능한 에너지의 수준이 관측 가능한 우주 전체로 확장되며 우주에 존재하는 모든 블랙홀을 이용하며 중력장을 왜곡시킬 수 있는 수준이 됩니다. 이때는 다중우주를 들여다볼 수 있게 될지도 모릅니다.

마침내 인류가 카르다쇼프 6형에 이르게 되면 에너지의 수준

인공지능과 요한계시록 그리고 부활 환생의 비밀

카르다쇼프 4단계 문명은 은하를 넘어 은하가 수백 개에서 수천 개 모여 있는 곳 전체의 에너지를 쓸 수 있는 문명을 이루게 된다.

이 전체 우주, 즉 지금 현재로서는 관측이 불가능한 다중우주에까지 있는 에너지까지 쓸 수 있게 됩니다.

카르다쇼프 6단계 문명은 존재 가능한 모든 우주, 즉 다중우주의 에너지까지 쓸 수 있는 문명을 이루게 된다. 이때의 인간 과학기술 수준은 예상하기 힘들 정도가 될 것이다.

이때가 되면 다중우주로의 이동이 가능할 정도가 됩니다. 이것은 인간이 거의 신적 경지(?)에 이르는 정도가 되는 것입니다. 여기에서 하나 짚고 넘어가야 할 것이 있습니다. 이것은 지금 시점에서 보는 것입니다. 즉, 지금 보기에는 너무 신기하게 보이지만 그때 인간의 현실이 되면 전혀 그렇지 않다는 것입니다.

우리의 경우에도 1,500년 전인 삼국시대의 사람들이 우리를 보면 어떻게 생각하겠습니까? 우리를 거의 신처럼 생각하지 않겠습니까? 즉, 우리가 누리고 있는 과학 문명이 1,500년 전 그들이 보기에는 거의 신같이 사는 것처럼 보일 것입니다. 인간은 환경의 동물입니다. 자기가 누리고 있는 과학 문명이 아무리 발달한다 해도 "애걔? 이게 뭐야, 아직도 이것밖에 안 돼?" 하면서 살아

인공지능과 요한계시록 그리고 부활 환생의 비밀

가게 되어 있다는 것입니다. 인류 사회는 먼 미래에도 이렇게 살고 있을지 모릅니다.

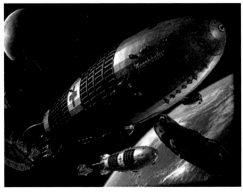

카르다쇼프 6단계의 문명 사회는 지금 현재로서는 상상하기가 힘들 정도일 것이다. 지금 보기에는 엄청난 것 같지만 그 당시 사람들에게는 당연한 기술들이 될 것이다. 그리고 이는 1,500년 전의 삼국시대 사람들이 보기에 우리의 현재 기술을 보는 듯한 느낌일 것이다.

카르다쇼프 6단계의 문명이 되면 쓸 수 있는 에너지 사용의 수준은 인간 스스로 빅뱅을 일으킬 수 있는 수준이 된다고 합니다. 이는 과학자들의 예상일 뿐이므로 말 그대로 과학적으로만 받아들이면 될 것 같습니다. 하나님이 인간에게 원하시는 과학 문명의 수준이 어느 정도일지 상상이 되시나요?

초기 인류의 타락이 없었다면 인간의 역사는 이러한 방향으로 계속 진행이 되어왔을 것입니다. 하지만 인간은 그 길을 거부하고 탕자처럼 살아온 것입니다. 바로 눈앞에 보이는 가나안 땅을 두고 빙빙 돌아서 40년 만에 다시 가나안 땅에 들어간 이스라엘 백성들처럼 우리도 그러한 비극적인 역사의 과정을 거쳐온 것입니다. 이제 드디어 그러한 여정을 마칠 때가 다가오고 있습니다. 그리고 기술적 특이점이 그 시작점이 될 것입니다.

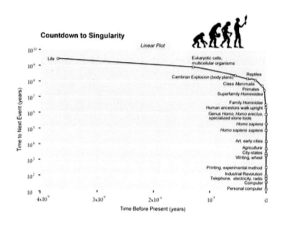

기술적 특이점의 예. 지금 현재 수준의 기술 발전 정도를 나타내는 그림인데 이 그림만 봐도 지금 현재의 기술이 기하급수적으로 늘어나고 있는 것을 볼 수가 있다. 기술적 특이점 이후에는 기술 발전이 이보다 더 급속화하게 될 것이다.

우리의 현재 상태는 아직 지구 전체의 에너지를 이용할 수준도 안 되므로 위의 세 가지 유형에도 끼지 못하는, 0유형에 해당합니다. 하지만 인공지능이 발달하게 되면 훨씬 더 빠른 속도로 제3유형에까지 다다르게 될 것입니다.

물리학자들은 우리가 제1유형에 이르게 되면 그 발전 속도가 비약적으로 발전하게 될 것이며 제2유형이나 제3유형으로 빠르게 도약하게 될 것이라고 예측하고 있습니다. 그 제1유형에 빠

인공지능과 요한계시록 그리고 부활 환생의 비밀

르게 도달할 수 있도록 도와주는 것이 바로 1차 기술적 특이점이 되는 것입니다. 그리고 제2유형이나 제3유형에 이르게 되면 인류는 새로운 물리학 법칙을 발견하거나 심지어 만들 수도 있을 것입니다.

물리학자들의 견해에 따르면 약 2250년경이면 우리가 카르다쇼프 제1유형에 도달할 수 있을 것으로 예측하고 있습니다. 이 시기가 되면 인류는 지구를 완전히 컨트롤할 수 있게 된다는 것입니다. 또한 2200년대 후반에는 달이나 화성뿐만 아니라 태양계 전체 행성 개발에 박차를 가하게 될 것이라고 합니다.

2250년경이 되면 카르다쇼프 1단계의 문명을 이룰 수 있을 것으로 예측이 되고 있다. 이때가 되면 달이나 화성에 식민지를 개발하는 과학기술 수준이 될 것이다.

2500년경에는 화성이 완전히 테라포밍이 되고, 2700년경에는 금성까지 테라포밍이 되어 인간이 거주할 수 있게 될 것이라고 예측하고 있습니다.

그리고 1,000년 후인 3100년경이 되면 인류는 태양의 에너지 전체를 쓸 수 있는 카르다쇼프 제2유형에 도달할 수 있을 것입니다. 그리고 아주 먼 훗날의 이야기이기는 하지만 은하 전체의 에너지를 쓸 수 있는 카르다쇼프 제3유형에 다다르는 시간은 서기 백만 년(1000000)년 정도가 되어야 가능하다고 합니다. 위의 카르다쇼프 각 단계마다 에너지 수준의 차이가 약 100억 배 정도의 차이가 나기 때문입니다.

하지만 지금은 그 시기를 정확히 예측하기가 점점 힘들어지고 있다고 합니다. 바로 인공지능 발달 때문입니다. 인공지능에 의한 인공지능의 발전, 말 그대로 인공지능의 자체 발전이 이루어지게 되고 그 인공지능의 세대(?)가 지날수록 그 능력치가 기하급수적으로 증가하게 되어 그 한계치가 어느 정도 될 것인가를 상상하기가 힘들어지고 있기 때문입니다.

그래서 좀 과격한 과학자들은 위의 카르다쇼프 제3유형에 이르는 시간이 서기 3000년 정도로 당겨질 수도 있다고 주장하는 사람들도 있습니다. 즉, 현재의 과학 발전 속도로는 백만 년이 걸릴 일이 인공지능의 발전 정도에 따라서 천 년 안에 이루어질 수도 있다는 것입니다. 인공지능은 이 정도로 미래에 대한 예측을 혼란스럽게 하고 있습니다. 그만큼 발전의 속도를 예측하기가 힘들다는 말입니다.

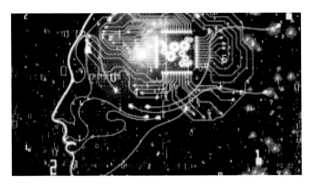

천년왕국은 카르다쇼프 몇 단계가 될지 모른다. 지금 예측으로는 1단계 정도가 되지 않을까 예측하고 있지만 인공지능의 발달 속도에 따라서 그 기간은 얼마든지 당겨질 수 있다.

　인간 수명이 천 년으로 연장될 시기이기도 한 이 시대는 실로 놀라운 시대가 될 것입니다. 기술 발전의 정도가 상상이 안 될 정도이니까요. 이 시대에 카르다쇼프 몇 단계까지 갈지는 모르지만 인류 사회가 놀라운 정도의 기술 수준이 되리라는 것은 분명한 사실입니다.

　하지만 우리가 명심해야 할 것은 이 천년왕국도 완전한 사회가 아니라는 것입니다. 즉, 천년왕국의 끝 즈음에 수많은 이들이 무저갱에서 풀려난 사탄의 편에 서게 되는 일이 생긴다고 하였습니다.

　이것이 뜻하는 바는 무엇입니까? 그것은 천년왕국이 완전한 사회가 아니라는 것을 뜻하는 것입니다. 우리는 대부분 천년왕국을 완전한 하나님의 나라로 착각하는 경향이 있습니다. 이것은 우리가 지금까지 막연하게 생각했던 천년왕국의 모습과는 판이하게 다른 양상입니다. 대체 이것이 의미하는 바는 무엇일까요?

이러한 내용을 종합해보면 천년왕국은 진정한 유토피아가 아닙니다. 어떻게 보면 요한계시록 21장에 나오는 **새 하늘과 새 땅으로 가는 중간 과정, 즉 징검다리 과정으로 이해하는 것이 합리적일 것입니다.**

진정한 유토피아로 가는 중간 단계로서의 천년왕국. 이때는 기술적 특이점이 가속화되어 계속적인 특이점이 생겨날 것이다. 즉, 인공지능 자체의 발달이 자기 자신의 특이점을 만들고, 또 그 자체의 발전이 그 내부에 특이점을 만드는 현상이 계속되어 특이점에 의한 특이점이 만들어지는 현상이 나타날 것이다.

인공지능과 요한계시록 그리고 부활 환생의 비밀

5.
3단계:
새 하늘과 새 땅, 최종 완성의 시대,
진정한 정신문명의 시대

    그렇다면 천년왕국과 새 하늘과 새 땅은 어떻게 다른 것일까요? 가만히 보시면 이 두 시대는 분명히 다르다는 것을 알 수 있을 것입니다. 천년왕국이 아무리 기술적으로 완벽한 기술의 세계가 된다고 할지라도 정신문명의 시대까지 이르지는 못합니다. 아직도 물질문명 속에 있으니까요. 인간은 물질에 속한 이상 절대 정신문명 속으로 들어갈 수 없습니다. 그러므로 새 하늘과 새 땅은 인간이 물질문명에서 완전히 벗어나서 정신문명의 세계로 들어간다는 것을 의미합니다. 이것이 요한계시록이 말하는 새 하늘과 새 땅, 즉 진정한 하나님의 나라입니다.

진정한 유토피아는 요한계시록 21장에 나타난 새 하늘과 새 땅이다. 대환란과 천년왕국 후에 오는 새 하늘과 새 땅이 진정한 유토피아의 세계이다. 이때는 물질적 존재의 한계를 완전히 벗어나는 시대를 말한다.

인간이 진정한 정신세계에 이르게 되려면 물질에 얽매이는 삶에서 벗어나야 합니다. 이러한 면에서 볼 때 천년왕국의 시대, 즉 인간 수명 천 년의 시대가 비록 엄청난 기술 진보의 사회일지라도 진정한 유토피아가 될 수는 없습니다. 왜냐하면 이때도 분명히 국가 간의 경쟁이 있을 것이고, 개인 간의 경쟁, 회사 간의 경쟁이 있을 것이기 때문입니다.

천년왕국 이후에 인류 사회는 마지막 물질문명에서 벗어나서 진정한 정신문명의 세계로 들어가게 될 것입니다. 그것은 인간이 드디어 인류 역사의 최고 정점인 정신문명의 세계로 진입하는 것을 의미합니다. 새 하늘과 새 땅의 의미는 여러 가지의 뜻을 가지고 있지만 이러한 정신문명의 세계, 즉 진정한 사랑의 세계로 들

인공지능과 요한계시록 그리고 부활 환생의 비밀

어가는 것을 의미하는 것입니다.

　원래 인간의 운명은 이것이 아니었죠? 원래의 인간은 정신문명에서 시작해서 물질문명을 완성해가는 존재로 태어났습니다. 하지만 인간의 실수로 인해 이러한 정신문명의 세계, 즉 사랑의 세계를 잃어버리고 살아가게 되었습니다. 하지만 신의 계획표가 바뀐 것은 아닙니다. 신의 계획표는 항상 일정합니다. 다만 그 과정이 바뀐 것일 뿐이죠. 그 안에서 제일 고통받고 힘들게 산 건 인간 그 자신입니다. 굳이 겪을 필요가 없었던 전쟁과 학살, 경쟁의 삶을 살아야 했으니까요.

신이 원래 계획했던 인간의 역사는 원래는 정신문명, 즉 사랑의 세계에서 시작하여 기술적 혁명을 일으켜가는 과정이었다. 인간의 죄로 인해 길고 먼 길을 돌아 이제 그 궤도로 들어가는 과정이다. 예수의 피로 역사의 과정이 완전히 회복이 되었기 때문이다.

　이는 앞에서 수차례 말씀드렸다시피 이스라엘 백성들이 실수함으로 가나안 땅으로 바로 들어가지 못하고 40년간의 광야 생활을 한 것이나 마찬가지의 원리라고 했습니다. 이스라엘 백성의 여정 과정이 변경된 것은 사실이지만 방향이 바뀐 것은 아니었죠. 그것은 인류가 걸어온 길과도 비슷합니다. 즉, 과정은 바뀌었지만 방향이 변한 것은 아니었기 때문입니다. 이러한 내용은 성경에 등장하는 탕자의 비유를 통해서도 알 수 있다고 했습니다. 인간은 그러한 존재인 것 같습니다. 굳이 겪지 않아도 될 일과 가지 않아도 될 길을 가고 싶어 하는 존재인 것 같습니다. 그것은 아마도 인간이 자유의지를 가진 인격체이기 때문이겠죠.

이스라엘 백성들은 이 과정에서 수많은 고통을 겪었습니다. 하지만 이스라엘 백성들이 가야 할 길에 변함이 없었던 것과 마찬가지로 인류 역사의 길이 변한 것은 아닙니다. 과정과 커리큘럼이 바뀌게 되어 인간이 많은 고통을 받았을 뿐입니다. 인간은 어찌 되었든 카르다쇼프 척도를 실행하게 될 것이고, 마침내는 신이 원하는 정신문명을 이루게 될 것입니다.

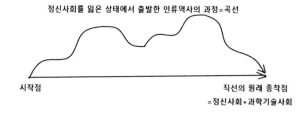

정신사회를 잃은 상태에서 출발한 인류역사의 과정=곡선

시작점

직선의 원래 종착점
=정신사회+과학기술사회

위와 같이 인간 역사의 길이 비록 과정은 변하였으나 방향성이 변한 것은 아니다. 하지만 그 과정에서 인간이 겪은 고통은 이루 말할 수가 없다. 마치 탕자가 집에서 나가서 밖에서 많은 고생을 했던 것처럼 인류 사회도 최초 인간들의 실수로 인해 엄청난 고통을 겪어야만 했던 것이다.

인공지능과 요한계시록 그리고 부활 환생의 비밀

그렇다면 과연 정신문명의 시대는 어떠한 시대일까요? 이 시기가 되면 인간은 노동에서 완전히 해방될 것입니다. 물론 인공지능이 비약적으로 발전하게 되는 천년왕국의 시대에도 인간은 노동에서 거의 해방될 것입니다. 하지만 아직도 국가 간, 개인 간의 경쟁이 있는 상태이기 때문에 그러한 의미에서 본다면 천년왕국은 완전한 유토피아, 즉 정신문명 사회가 아닌 것입니다.

인간 사이에 경쟁심이 있다는 것은 아직도 개인에게 욕심이 남아 있고 물질적인 욕구를 가지고 있다는 것을 의미하기 때문입니다. 그것은 진정한 정신문명의 상태, 즉 사랑을 실천하는 상태가 될 수가 없습니다. 진정한 정신문명의 상태란 철저한 물질적 무욕의 상태이자 진정한 사랑을 실천하는 상태이기 때문입니다.

새 하늘과 새 땅의 시대는 진정한 정신문명의 시대이다. 인간의 물질적인 한계가 거의 사라지게 되고 진정한 사랑을 실천하는 시대가 될 것이다. 직업은 먹고살기 위한 수단이 아니라 사회를 위한 봉사의 도구가 될 것이다.

진정한 정신문명의 사회가 되면 일단 국가가 없어지게 됩니다. 국가 체제를 유지할 필요가 없기 때문입니다. 국가가 존재한다는 것은 일단 서로를 경계한다는 뜻이거든요. 경계를 한다는 것은 아직 정신문명의 세계로 나아가지 못하고 있다는 것입니다. 정신문명 단계에 이르면 인류는 완전히 물질적 초월의 상태에 이르기 때문에 국가나 사회가 필요없어집니다.

또한 인간에 대한 사랑이 넘치게 되어 경쟁 의식이나 남을 미워하는 마음이 없어지게 되고 인간에 대한 진정한 사랑의 실천 상태에 이르게 됩니다. 바로 이 상태가 모든 종교나 철학, 심지어 모든 국가 체제에서 추구해왔던 정신문명의 상태입니다. 정신문명의 상태는 누가 누구를 가르치거나, 국가에서 국민에게 강제를 한다고 해서 이루어질 수 있는 것이 아닙니다. 사회 구성원 한 사람 한 사람이 그러한 정신문명의 상태에 자발적으로 이르는 상태가 될 때 이루어질 수가 있는 것입니다. 새 하늘과 새 땅은 그러한 시대에 대해서 이야기해주고 있는 것입니다.

지금까지의 이야기를 성경에 입각해서 다시 한번 정리를 해보도록 하겠습니다. 위에서는 최대한 과학적인 표현을 통해서 대환란과 천년왕국, 새 하늘과 새 땅에 대해서 묘사를 해보았습니다. 이제 좀 더 성경으로 돌아가서 다시 한번 위의 상황을 정리해보고자 합니다.

결국은 우리의 관심사는 진정한 하나님의 나라라고 생각되는 천년왕국 후, 즉 새 하늘과 새 땅에서의 미래 사회가 어떠한 사회가 될지에 대한 것입니다. 요한계시록 21장 7절에 보면 아주 흥미로운 구절이 나옵니다. 바로 '이기는 자'들에 대한 이야기입니다. 여기에서 이기는 자들의 의미는 무엇일까요? 이기는 자들에게 모든 것을 상속시키고 하나님의 자녀로 삼는다 하는 구절이 나옵니다.

즉, 천년왕국을 거쳐서 최후에 나오는 새 하늘과 새 땅에 이르기까지 이기는 자들이 있다고 이야기하고 있는 것입니다. 그리고 그 이기는 자들에게 하나님의 나라를 상속시키고 자녀로 삼는다고 말하고 있습니다. 이 말은 천년왕국 후에 새 하늘과 새 땅이 오기까지는 지속적인 투쟁 상황이 벌어진다는 것을 뜻하는 것입니다. 이것은 우리가 일반적으로 알고 있는 천년왕국과 그 후 2차적으로 오는 새 하늘과 새 땅에 대한 개념을 완전히 바꾸어주는 말입니다. 즉, 천년왕국은 새 하늘과 새 땅으로 가는 중간 과정인 것이 명확해 보입니다.

이 말을 다시 생각해보면 이러한 과정 속에서 기독교인들이 핵심적인 역할을 해야 한다는 것으로 보입니다. 즉, 천년왕국과 새 하늘과 새 땅이 자연적으로 거저 주어지는 것이 아니라는 것이죠. 기독교인들은 이 과정에서 엄청난 투쟁의 과정을 거치게 될 것입니다. 가장 큰 시험이 바로 대환란의 때입니다. 대환란의 시대에 대해서 이야기하는 성경상의 이야기들이 많이 있습니다. 이전의 많은 이단들과 잘못된 지도자들은 대부분 이 부분만 강조했습니다. 성경의 해석을 잘못했기 때문입니다. 그런 이유로 우리는 미래 사회에 대해서 아주 어두운 면만을 보게 된 것입니다. 미래 사회에 대한 대부분의 할리우드 영화들이 어두운 색채를 띠는 것도 이러한 성경상의 예언을 잘못 해석했기 때문입니다.

요한계시록이 말하고 있는 사회는 어두운 SF 영화가 아니다. 절대 긍정의 사회인 하늘나라에 대해서 이야기하고 있는 것이다.

　요한계시록을 통해서 이야기하고 있는 미래 사회는 긍정적인 미래 사회입니다. 그것도 절대적 긍정적 사회에 대해서 이야기하고 있는 것입니다. 바로 신이 주시고자 했던 원형의 나라에 다가가고 있는 것이기 때문입니다. 물론 대환란이라는 일시적인 시련의 시기를 거치기는 하지만 요한계시록에서 말하고 있는 것은 하나님의 나라에 대해서 이야기하고 싶은 것이기 때문입니다. 그러므로 우리는 요한계시록을 바라보는 시각을 완전히 바꿀 필요가 있습니다.

　요한계시록은 절대 긍정의 사회가 다가오고 있다는 것을 말해주고 있는 책입니다. 우리는 기나긴 비극적인 인류의 역사를 끝내고 마침내 신이 우리에게 주시려고 했던 원형의 삶을 향해서 나가고 있는 것입니다. 신께서 우리에게 진정으로 주고 싶어하는 것은 진정한 유토피아의 시대이지, 대환란의 시대가 아니라는 것입니다.

제3부

과학적으로 해석하는 창세기와의 관계

시간의 세계

신은 시간의 존재입니다. 신뿐만이 아닙니다. 영혼도 마찬가지
로 시간의 존재이지요.

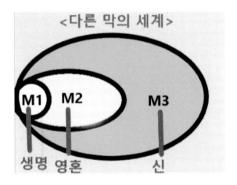

처음에는 시간의 세계만 존재했다. 거기에는 신과 영적인 존재만이 살고 있었다. 하지만
무슨 이유에서인지 신은 생명이라는 존재를 만들어내게 된다. 생명이라는 존재는 물질세
계가 필요하므로 물질세계가 만들어지기 시작한다. 즉, 공간우주의 탄생이 일어나게 된 것
이다.

처음에 공간의 세계는 존재하지 않았어요. 위의 그림같이 시간의 세계만 존재했습니다. 즉, 물질의 세계가 아닌 영의 세계, 신의 세계만 존재했지요. 굳이 물질의 세계가 필요가 없었습니다. 신과 영혼의 존재들만 사는 시간의 세계, 영적인 세계는 영원 전부터 존재해왔습니다. 하지만 신은 무슨 이유인지 생명을 창조하게 됩니다. 생명의 창조는 반드시 물질세계의 창조를 동반해야 했어요. 그래서 공간의 세계인 이 우주가 만들어지기 시작합니다. 그리고 시간의 세계와 공간의 세계가 결합이 되죠. 그리고 마침내 그 세계 안에 우리 인간이 만들어지게 됩니다.

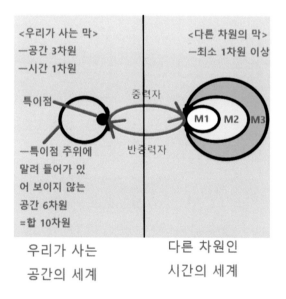

처음 창조의 과정에는 이렇게 시간의 세계와 공간의 세계가 연결되어 있었다. 영원불멸의 세계이다. 이때는 시간의 흐름이라는 것이 무의미했다. 그 후 시간의 세계가 공간의 세계와 분리될 때 비로소 시간의 흐름이 일어난다.

인공지능과 요한계시록 그리고 부활 환생의 비밀

처음에는 이러한 형태의 창조가 일어납니다. 즉, 시간의 세계로부터 공간의 세계가 창조된 것입니다. 사실 시간의 세계는 굳이 공간의 세계가 필요가 없었어요. 시간의 세계는 영원 전부터 영원 후까지 부족함이 없는 세계이기 때문입니다. 공간의 세계가 완벽해지려면 시간 세계의 도움이 반드시 필요합니다. 그러므로 시간의 세계에 의해서 이러한 완벽한 공간의 세계가 만들어진 것이죠. 즉, 태초의 완벽한 영원불멸의 세계가 만들어진 것입니다.

이 과정에서 물질세계의 창조가 일어났습니다. 물론 시간이 걸렸지요. 137억 년이라는 시간이 걸렸습니다. 하지만 신은 시간의 존재라고 했지요? 신은 시간을 실체적으로 소유하고 있어요. 시간이 걸리기는 했지만 그 시간이 신에게는 아무 의미가 없죠. 시간을 무한히 소유한 존재가 바로 신이거든요. 이 시간의 개념에 대해서는 이후에 더 자세한 설명이 나와 있으니 참고해주시고요. 아무튼 태초의 세계는 시간과 공간이 완벽하게 결합된 영원불멸의 상태였습니다.

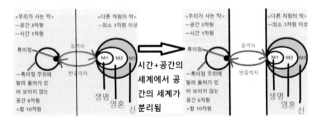

M0 공간세계 + M 시간세계 M0 공간세계 - M 시간세계

시간의 세계는 공간의 세계와 분리된 채 존재하게 되었으며, 인간과 우리의 우주는 시계 하나 달랑 차고 공간이라는 차가운 세계로 내던져지게 되었다.

하지만 인간의 문제점으로 인해 이처럼 완벽한 시간과 공간의 결합이 깨지고야 맙니다. 즉, 시간의 세계와 공간의 세계가 분리된 것입니다. 그리고 이 공간의 우주에는 미래로만 흐르는 시간, 즉 0.5차원의 불완전한 형태의 시간만 남게 됩니다.

시간을 공급해주는 나무
(생명나무)

신의 시간을 지키는 나무
(선악과)

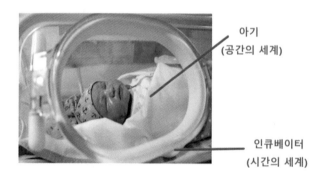

인간에게 무한한 시간을 공급해주던 시간나무인 생명나무와 신의 시간 통제 장치였던 선악과가 보인다. 인간은 신의 시간 통제 장치인 선악과를 범하는 실수를 하게 된다. 이후 완벽한 신의 시간세계가 인간과 우주로부터 떠나게 되고 인간과 우리 우주는 인큐베이터에서 내쫓겨진 신세로 전락하게 된다.

그 후 공간의 세계를 지켜주던 시간의 세계는 우리에게서 멀어

인공지능과 요한계시록 그리고 부활 환생의 비밀

저버리게 되죠. 우리 우주와 인간은 0.5차원의 시간만 남은 차가운 세계로 떨어져버리게 됩니다. 그 세계는 시간이 미래로만 흐르는 아주 이상한 세계입니다. 즉, 비로소 우주에 역사라는 것이 시작된 것이죠. 우리를 지켜주던 3차원의 실체적인 시간이라는 존재는 0.5차원의 미래로만 흐르는 기이한 괴물 같은 형태로 변해버립니다.

미래로만 흐르는 시간은 엄청난 비극을 낳게 된다. 시간을 되돌릴 수 없기 때문이다. 서로에 대한 불신은 온갖 오해와 의심을 낳게 되고, 그것은 마침내 전쟁이라고 하는 무시무시한 인류사의 최대 비극까지 일어나게 한다.

 우리는 이제 영원히 살 수가 없게 되었습니다. 그뿐만이 아닙니다. 우리는 우리의 과거를 돌이킬 수가 없어요. 그래서 우리는 주위 사람들과의 사이도 어색해져버리게 됩니다. 사랑했다는 말도, 미안했다는 말도 하기가 힘들어지게 되어버렸어요. 시간을 되돌릴 수가 없기 때문이죠. 또한 인간 사회에는 신뢰가 깨지기 시작합니다. 온갖 오해, 미움, 시기, 질투 같은 악이 들어오게 돼요. 드디어 전쟁이라는 무시무시한 인간의 피비린내 나는 역사가 시작됩니다.

시간의 세계 안에서는 온순했던 자연도 자신의 물질적 포악성을 드러내게 된다. 지진, 태풍 등의 온갖 자연재해와 노화, 질병 등으로 인해 인간은 고통받게 된다.

그뿐만이 아닙니다. 자연도 변해버리게 돼요. 시간의 세계 안에서는 평온했던 우리의 공간우주는 확률적, 우연적, 양자역학적, 상대론적인 물질세계의 포악성을 드러내게 됩니다. 즉, 물질의 세계가 원래 상태로 돌아가버리게 된 겁니다. 그에 따라 우리 몸도 변하게 돼요. 우리는 건강이라는 것을 상실하게 됩니다. 우리 몸은 늙어가고 아프게 되어버렸어요. 그뿐만이 아닙니다. 자연도 변하게 됩니다. 자연은 지진, 해일, 태풍 같은 것으로 우리를 괴롭히게 되죠. 말 그대로 생지옥에 살게 된 것입니다. 하지만 이상하죠? 시간이 흐르면서 사람들은 이러한 사실도 망각하게

인공지능과 요한계시록 그리고 부활 환생의 비밀

돼요. 이 생지옥 같은 데서도 나름대로 적응하면서 살아갑니다.

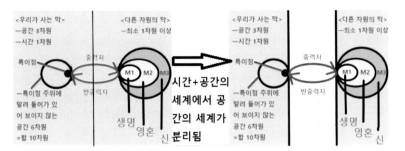

타락 이후에 인간의 영혼은 M2라는 두 번째 시간의 세계에 갇혀버리게 된다. 그리고 인간의 육체적, 생명적인 부분은 M1의 세계로 가게 되어 버려지게 되는 것이다. 윤회론자들도 깊은 명상을 통해 뭔가 보긴 보았다. 하지만 잘못 보았다. 인간의 영혼은 M2 세계에 갇히게 되어 부활하지 못하기 때문이다. 바로 그것이 성서에서 말하는 '정녕 죽은 상태'이다.

　하지만 제일 무서운 사실이 있어요. 인간의 영혼이 정녕 죽게 된 거예요. 위의 그림과 같이 시간과 공간의 세계가 분리되면서 제일 문제가 되는 것이 인간 영혼의 문제입니다. 인간의 영혼이 M2라는 세계에 갇혀버리게 된 겁니다. 즉, 오고 갈 데가 없어진 것이죠. 이것이 바로 신이 말한 "너희가 정녕 죽게 되리라"라고 하는 사실입니다.

　그렇다면 현재 우리가 가지고 있는 시간에 대해서 한번 생각해 봅시다. 일단 시간에 대해서 제가 한 말씀 묻겠습니다. 이 책에서 가장 중요한 질문입니다. 자, **우리가 가지고 있는 시간이라는 것은 실체일까요, 관념일까요?** 이게 언뜻 보면 쉬운 문제 같은데 실제로는 그리 단순한 문제가 아닙니다. 시간이 관념이라고 하면 실체가 아니라는 이야기가 되어버리죠. 즉, 실체적으로 존재하지 않는다는 말입니다. 시간이 존재하는 것이 아닌가요? 우리가 생각할 때 시간이라는 것은 반드시 실체적으로 존재하는 것이죠?

위 그림을 보면 시간이라는 것은 실제로 존재하는 것 같다. 하지만 엄밀하게 이야기하자면 시간이라는 것이 만약 실재한다면 만질 수 있어야 한다. 즉, 실제로 만질 수 있는 3차원적 입자의 형태로 존재해야만 한다는 것이다. 하지만 우리 공간우주에 있는 시간은 미래로만 흐르는 편도 1차원, 즉 0.5차원적인 것이다. 여러분 중에 0.5차원적인 것을 만져본 사람이 있는가? 그래서 우리 공간우주에 있는 시간이라는 것은 실체적이 아니고 관념적이라는 것이다.

바로 이렇게 사람은 시간의 변화에 따라서 늙어가고 있잖아요? 그러니까 시간은 실체적으로 존재해야 하는 것입니다.

하지만 만약 '시간이 실체다'라고 이야기하면 더 골치가 아파집니다. 무슨 말이냐고요? 시간이 실체라고 하는 것은 시간이 만질 수 있는 존재라는 것이잖아요? 즉, 실제적인 물체로 존재해야 한다는 말이지요. 실체라는 것의 의미는 3차원적인 존재, 즉 만질 수 있는 입자의 형태로 존재해야 한다는 것입니다. 그렇다면

인공지능과 요한계시록 그리고 부활 환생의 비밀

시간이 입자로 만져지는 존재라는 것은 무엇을 의미하는 것일까요?

　시간이 실체적으로 만질 수 있는 3차원적인 존재라는 것의 의미는 시간이 지금처럼 미래로만 가는 편도 1차원의 존재, 즉 0.5차원의 존재가 아니고 3차원의 실체로 존재하여야 한다는 것입니다. 시간이 앞뒤, 위아래로 움직일 수 있는 존재라는 것이에요. 즉, 시간이 실체라고 하는 것은 바로 시간이라는 것이 되돌릴 수도 있고, 위아래로 뛰어넘을 수도 있는 3차원의 존재라는 것입니다. 그 말의 의미는 뭐죠? 만약에 우리 우주에 존재하는 시간이 3차원적인 실체라면 우리는 시간을 앞뒤로 되돌릴 수도 있고, 시간을 위아래로 뛰어넘을 수도 있어야 한다는 것입니다. 모순적인 이야기가 되어버리는 거죠.

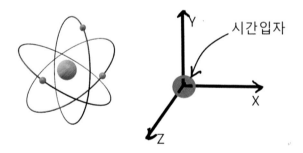

우리가 사는 우주에 존재하는 모든 실체는 3차원적 실체이다. 사실 공간우주에서는 1차원이나 2차원적인 것도 실체가 아니다. 그들은 단지 3차원적인 것을 설명하기 위한 관념에 지나지 않는다. 운동장이나 거미줄을 흔히 2차원이나 1차원에 비교를 하는데 실제로 운동장이나 거미줄이 2차원이나 1차원적인 존재인가? 아니다. 그들도 실제로 만질 수 있는 3차원적인 실체이다. 그런데 왜 유독 편도 1차원, 즉 0.5차원인 시간에 대해서는 우리가 실체라고 생각하는 것일까? 시간의 입자라는 것이 없는데도 말이다.

위의 그림처럼 시간이 만일 실체라면 시간은 오른쪽의 원자 그림처럼 3차원의 구조를 가져야 합니다. 즉, 시간의 입자를 가져야 한다는 것이지요. 하지만 우리가 가지고 있는 시간은 이러한 3차원 구조가 아닙니다. 바로 미래로만 흐르는 기이한 형태의 시간 변형입니다. 바로 이 세상에는 없는 편도 1차원, 전체적으로는 0.5차원이라는 기이한 형태를 띠고 있어요.

시간은 원래 3차원적인 완벽한 형태로 우리와 함께 존재했었다. 하지만 지금 그 완벽한 3차원의 시간은 우리의 곁을 떠나고 없다. 우리가 가지고 있는 시간은 미래로만 흐르는 '시계'라는 기이한 형태의 괴물이다. 즉, 3차원적인 시간 원형의 화석일 뿐이다. 화석이라는 것은 과거에는 존재했었지만 지금은 존재하지 않는 것을 보여주는 증거물이다. 위의 그림을 보면 3차원 실체로 존재했었던 공룡에 대해서 1차원적인 형태로 보여주는 것을 볼 수 있다. 그처럼 우리가 가진 시계라는 개념도 원래 3차원적으로 존재했었던 시간의 원형을 0.5차원이라는 화석의 형태로 보여주고 있을 뿐이다.

이것은 실체가 아닙니다. 바로 화석과 같은 것이지요. 즉, 예전에는 존재했지만 지금은 실체가 아닌 것. 바로 그것을 우리가 시간의 흔적으로서 '시계'라고 부르는 것입니다. 가만히 생각을 해보세요. 우리가 가지고 있는 시간은 시계라는 장치일 뿐입니다. 단지 지구가 태양을 도는 공전주기를 1년 365일로 나눈 것에 불

인공지능과 요한계시록 그리고 부활 환생의 비밀

과합니다. 즉, 시간이라는 개념을 공간적으로 표현한 것에 불과해요. 실체적인 시간이 아니라는 말이 바로 그 말입니다.

우리가 가지고 있는 시간의 개념을 잘 생각해보자. 우리가 가진 시간의 개념이라는 것은 지구가 태양을 중심으로 하는 공전을 1년 365일로 나누고, 또한 지구의 자전을 24개로 분할한 것일 뿐이다. 즉, 엄밀히 이야기하자면 공간적인 개념을 시간이라는 새로운 개념을 만들어 거기에 집어넣은 것이다. 시간이라는 존재의 원형적인 모습은 이것이 아니다. 시간은 원래 3차원적인 실체로 존재했었다.

　우리가 가지고 있는 시간은 시간의 실체가 아니라는 것이죠. 3차원적으로 만질 수 있는 존재가 아니고, 미래로만 흐르는 시간의 돌연변이체입니다. 그렇게 실체적인 시간이라는 것이 돌연변이체인 시계로 변하면서 인간과 우주의 불행이 시작된 겁니다. 바로 우리를 지켜주던 실체적 시간이라는 것이 우주와 인간을 제일 괴롭히는 존재로 전락해버린 것이죠.

2.
초끈이론, 이데아의 세계

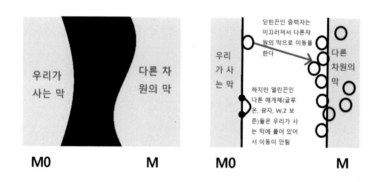

초끈이론은 아주 중요한 이론이다. 왜냐하면 초끈이론은 인류 역사상 최초로 우리가 사는 세상 외에도 다른 세계가 존재한다는 것을 밝혀준 이론이기 때문이다. 좌측 그림에서 우리가 사는 세계를 M0의 세계라고 하고 초끈이론에서 밝혀준 다른 차원 세계

인공지능과 요한계시록 그리고 부활 환생의 비밀

는 M의 세계라고 부르기로 하자. 우측 그림에서는 우리가 사는 세계에서 다른 차원의 세계로 중력자가 흘러 들어가는 모습을 보여주고 있다.

　최근 과학이론 중에서 인류 역사상 최초로 우리가 사는 세상 이외에 다른 세상이 존재한다고 이야기해주는 이론이 나왔습니다. 바로 초끈이론입니다. 위에서 본 그림이 바로 초끈이론에 의해서 만들어진 그림입니다. 즉, 우리가 사는 세상의 막 외에 다른 세상의 막이 있다는 거죠. 실로 놀라운 일이 아닐 수 없습니다. 마치 플라톤이 말한 이데아의 세계를 발견한 것과도 같죠. 그 중심에 있는 것이 바로 중력입니다. 중력자가 우리가 사는 막에서 새어 나간 후 다른 차원의 막으로 흘러 들어간다는 것입니다.

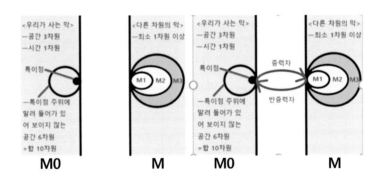

MO의 세계는 우리가 사는 공간의 세계이며 M의 세계는 다른 차원의 세계, 즉 시간의 세계이다. 처음에는 같이 존재했었던 세계가 어떠한 이유로 인해 분리가 되어버린 것이다. 그리고 그 세계 사이를 연결해주는 것이 바로 중력이다. 그리고 이 중력자는 두 세계 사이를 순환하고 있다. 생명체는 엄청난 양의 에너지가 필요하며 우주에 존재하는 거의 모든 중력 에너지는 이처럼 생명체를 유지하는 데 쓰인다.

그래서 지금까지 밝혀진 초끈이론을 정리해보면 위의 그림과 같습니다. M0라고 부르는 우리가 사는 세계가 있고, M이라고 부르는 다른 차원의 세계가 있으며, 이 두 세계를 중력자가 순환하는 구조입니다. 자세히 보시면 중력자가 이 세상과 다른 세상을 잇는 핵심이죠.

바로 이 중력자가 우리가 사는 우주의 생명의 비밀을 풀어주는 존재입니다. 엄청나게 중요한 사실이죠. 우리가 사는 공간의 막인 M0와 다른 막인 M의 세계는 어떤 세계일까요?

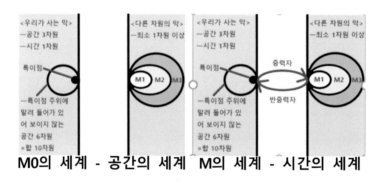

M0의 세계 - 공간의 세계 M의 세계 - 시간의 세계

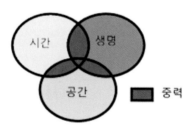

위의 그림과 같이 우주의 모든 존재는 모두 연결이 되어 있다. 즉, 우리가 사는 공간의 세계와 다른 차원의 세계인 시간의 세계는 일단 중력으로 연결이 되어 있다. 그리고 그 사이 생명의 세계는 반중력자라는 생명 에너지로 연결이 되어 있다. 그리고 인간의 영혼은 언어라는 시간장으로 연결이 되어 있다.

인공지능과 요한계시록 그리고 부활 환생의 비밀

이를 알아듣기 쉽게 말씀드리면 M0의 세계는 현세, 즉 공간의 세계를 말하고, 중력자가 새어 나가는 다른 차원의 세계는 M의 세계, 즉 사후의 세계입니다. 바로 시간의 세계이지요. 사후의 세계는 시간의 세계이며 시간이 거꾸로 흐를 수도 있고, 시간의 변형도 일어나는 세계입니다.

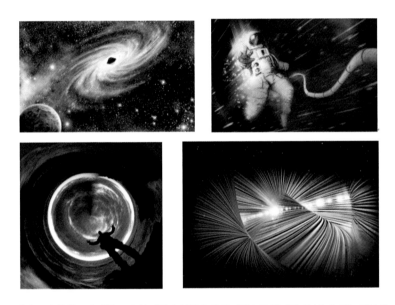

'인터스텔라'라는 영화를 보면 주인공이 블랙홀의 특이점으로 떨어진 후 가게 되는 이상한 형태의 세계가 보이는데 그곳이 바로 테서렉트라는 세계이다. 바로 이곳이 초끈이론에서 말하는 제11차원의 세계, 즉 다른 차원의 세계이다.

'인터스텔라'라는 영화는 이러한 초끈이론을 바탕으로 다른 차원의 존재가 있음을 보여주는 영화입니다. 이 영화의 끝부분을 보면 주인공이 블랙홀의 특이점으로 떨어진 후에 뭔가 이상한 세계로 흘러 들어가게 되지요? 그곳이 흔히 부르는 테서렉트라는 세계입니다. 이것이 바로 앞에서 이야기한 다른 차원의 세계를 알기 쉽게 이야기한 겁니다. 이 테서렉트가 초끈이론에서 나오는 다른 차원의 막, 즉 제11차원의 세계를 묘사하는 거예요. 그리고 11차원에 있는 아버지와 우리 차원에 있는 딸이 대화하는 방법이 나오는데 그것은 바로 중력을 통해서만 말하게 된다는 거예요.

여기에서 중요한 대사가 나오는데 "중력은 시공을 초월해서 다른 공간이 나의 시간으로 이동할 수 있다"라는 대사입니다. 그리고 실제로 이들은 서로 중력을 이용하여 대화하게 되죠. 아버지가 책장에 있는 책을 떨어뜨리는 등의 행위를 통해서 대화를 하게 됩니다.

11차원의 세계에 있는 아버지와 우리 차원에 있는 딸이 대화를 나누는 방법은 바로 중력을 이용한 것이었다. 중력이야말로 우리 차원과 다른 차원을 연결해주는 유일한 도구이기 때문이다.

인공지능과 요한계시록 그리고 부활 환생의 비밀

그런데 그때 사용한 부호가 바로 모스 부호죠? 즉, 다른 차원이지만 중력자는 두 차원을 왔다갔다하기 때문에 중력을 이용한 정보 교환은 가능했던 것입니다.

3.
신천동설:
생명의 탄생을 위해 우주 전체 중력이 필요,
즉 우주는 쓸데없이 크지 않다

여기에서 신천동설이 도출됩니다. 즉, 우주가 쓸데없이 크지 않다는 것입니다. 이 우주에는 생명을 탄생시킬 만한 에너지가 없어요. 뭔가 다른 에너지가 필요합니다. 우리가 사는 우주에서 사라진 중력 에너지야말로 우주의 생명을 탄생시키는 유일한 에너지인 것입니다. 그 중력 에너지는 반중력이라는 에너지 변형을 통해서 생명 에너지의 원천이 돼요.

인류 역사상 제일 고민했었던, 다른 세상이 있다는 게 증명이 되었습니다. 그리고 우리가 사는 세상과 다른 세상을 연결해주는 것이 있을 거라고 생각은 해왔는데 바로 그것이 중력이라는 사실도 최초로 밝혀진 것이죠. 우주에는 반드시 대칭성이 있습니다. 모든 입자에는 반대 입자라는 게 있어요. 그런 면에서 본다면 중

인공지능과 요한계시록 그리고 부활 환생의 비밀

력자의 반대 입자는 반중력자라고 할 수 있어요. 바로 생명 에너지의 근원이지요.

생명 에너지는 기본적으로 반중력적이다. 위 그림의 나무를 보자. 나무가 생명력이 넘칠 때는 반중력적으로 자라다가 생명력이 떨어지면 중력 방향으로 처져버리게 되지 않는가? 인간의 노화 과정도 마찬가지다. 생명력이 넘칠 때는 각종 효소나 호르몬의 영향으로 반중력 상태를 유지하지만 생명력이 떨어지게 되면 중력 방향으로 얼굴이 처지는 것을 볼 수 있다.

여담이지만 예전에 도인들이 산에 들어가서 명상을 하고 그러면 막 날아다닌다고 그러죠? 이게 반중력적인 이야기이거든요? 생명체의 가장 큰 특징이 뭡니까? 반중력적인 거죠. 나무가 어떻게 자라요? 중력을 거슬러서 위로 자라잖아요. 하지만 생명력이 떨어지면 어떻게 돼요? 바로 중력 방향으로 처지면서 종국에는 땅속으로 묻혀버리게 되죠.

우리의 몸도 마찬가지입니다. 호르몬이나 효소의 역할로 인해서 생명 반응은 기본적으로 반중력적인 방향으로 일어납니다. 그런데 나이가 들면 어떻게 됩니까? 모든 것이 중력 방향으로 처지게 되죠? 우리가 흔히 하는 말로 몸이 안 좋을 때는 몸이 천근만근 무겁다고 합니다. 그런데 기분이 좋고 그럴 때는 어떻게 됩니까? 몸이 날아갈 듯이 기분이 좋다고 그러잖아요? 이게 전부 다 이유가 있는 거예요. 모든 입자에는 반입자가 있어요. 중력자의 반입자는 뭐다? 바로 반중력자라는 겁니다.

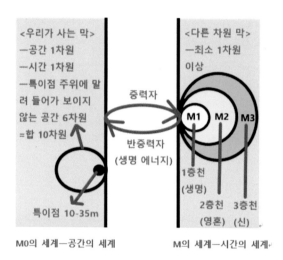

M0의 세계—공간의 세계　　　M의 세계—시간의 세계

우리가 사는 우주에서는 생명력을 키울 에너지가 없다. 그래서 우리가 사는 우주에서 중력이 빠져나가는 것이다. 그리고 반중력자로 증폭이 되어서 돌아온다. 즉, 반중력자가 생명 에너지의 원천이 되는 것이다. 그래서 우리의 우주가 이렇게 큰 것이다. 엄청나게 많은 중력이 필요하기 때문이다. 우리의 우주는 쓸데없이 큰 것이 아니다.

　신천동설은 초끈이론에 바탕을 두고 있습니다. 생명체나 영혼은 우리가 사는 공간의 우주에서는 아주 이질적인 존재이므로 우리 우주에서는 생겨나기가 힘들어요. 생명이나 영혼 그 자체는 다른 세계, 즉 시간의 세계에서 온 것입니다. 우리가 사는 우주에서 빠져나간 중력자는 다른 차원, 다시 말해 시간의 세계에서 빛보다 빠른 입자로 만들어진 시간자(예, 타키온 입자)와 결합하여 생명체를 다시 살려내고 우리가 사는 우주로 다시 보냅니다.

하지만 인간의 영혼은 어떠한 이유로 인해 시간의 세계인 M2에 갇히게 되었습니다. 즉, 인간은 영적인 존재이므로 한번 죽으면 다시 살아나지 못하는 이유가 바로 그것이죠.

우리가 사는 우주에서 생명체를 살리기 위해서는 시간세계와의 교류가 필요합니다. 왜냐하면 시간을 되돌리지 않으면 생명체를 다시 살릴 수가 없기 때문이죠. 원래 시간의 세계만 있고 공간의 세계가 없을 때는 굳이 이러한 과정이 필요가 없었어요. 하지만 우주라는 공간의 세계에 생명체라는 이질적인 존재를 정착시키기 위해서는 이러한 중간 과정이 필요하게 된 겁니다. 이것이 신이 우주와 생명체와 인간의 영혼을 창조한 비밀입니다. 그렇기 때문에 우리가 사는 우주의 중력자는 거의 100%가 다른 차원의 막으로 빠져나가야 하는 거예요.

우리는 밤하늘에 있는 수많은 별을 보면서 경이로움을 느낀다. 최근에 밝혀진 바에 의하면 이 우주에는 거의 무한대에 가까운 별들이 있다. 하지만 이 우주는 쓸데없이 큰 것이 아니다. 우주에 존재하는 생명체들을 위해서 그렇게 많은 별이 존재하기 때문이다. 이것을 생명을 중심으로 한 '신천동설'이라고 한다.

그렇기 때문에 우리가 사는 우주의 중력 에너지는 거의 무한대에 가까울 만큼 필요하게 된 겁니다. 그래서 우리가 사는 우주에는 별과 행성이 이렇게 많은 거예요. 즉, 우리가 사는 우주가 쓸데없이 크지 않다는 것이 신천동설의 주제입니다.

이러한 면에서 생명 에너지의 정확한 정의를 말하라 하면 이렇게 답을 드릴 수 있겠습니다. '중력자 변환 시간 확장 에너지'라고요.

사람이 죽으면 별이 된다는 말은 어쩌면 사실인지도 모른다. 즉, 사람 한 사람의 생명력은 별 하나의 중력 에너지가 필요할 수도 있다는 것이다. 예수가 태어난 날에도 동방박사들이 크고 밝게 빛나는 별을 보고 왔었다고 했다. 이때의 별은 일종의 초신성 폭발 같은 것이었을 것이다. 아니, 어쩌면 초신성 폭발보다 훨씬 더 큰 폭발이었을지도 모른다. 예수의 탄생이라는 거대한 역사적인 에너지를 분출하는 상황이었기 때문이다.

사람이 죽으면 별이 된다는 말은 어쩌면 사실인지도 모릅니다. 즉, 한 사람의 생명력을 만들기 위해서는 별 하나의 중력 에너지가 필요할 수도 있다는 것이죠.

예수가 태어난 날에도 동방박사가 크고 밝게 빛나는 별을 보고

왔었다고 하죠? 이때의 별은 일종의 초신성 폭발 같은 것이었을 겁니다. 아니, 어쩌면 초신성 폭발보다 훨씬 더 큰 폭발이었을지도 모르죠. 거대한 에너지를 분출하는 전 우주적인 상황이었기 때문입니다.

4.
시간의 세계, 생명, 영혼, 신의 세계

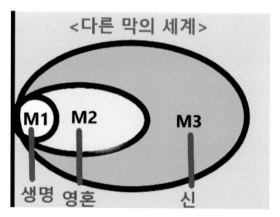

앞에서 우리가 사는 공간세계를 M0라고 부르고, 시간의 세계를 M의 세계라고 부르기로 했었다. 시간의 세계인 M의 세계에는 세 존재가 있는데 생명, 영혼, 신 등이다. 즉, M1의 세계에는 생명이, M2의 세계에는 인간의 영혼이, M3의 세계에는 신이 각각 존재한다.

M의 세계는 우리가 사는 세계와는 분리가 된 다른 차원의 세

228

인공지능과 요한계시록 그리고 부활 환생의 비밀

계(사후 세계)이고, 시간이 실체적으로 존재하는 세계입니다. 또한 생명의 세계이기도 합니다. 생명의 세계는 시간의 세계이기도 하기 때문입니다. 이 시간의 세계는 시간이 거꾸로 흐를 수 있는 입자, 예를 들자면 타키온 같은 입자가 존재하는 세계이기 때문에 시간이 거꾸로 흐를 수가 있습니다. 즉, 생명을 살릴 수 있는 것은 시간을 되돌리는 방법밖에 없기 때문입니다.

사후 세계(M의 세계)는 총 3개의 세계로 이루어져 있습니다. 즉, 생명의 세계인 M1, 영혼의 세계인 M2, 그리고 신의 영역인 M3의 세계로 되어 있습니다. 이 중에서도 1층 천(M1)의 세계와 우리가 사는 공간(M0) 사이에는 교류가 일어나고 있습니다. 그 교류의 중심에는 중력자의 비밀이 있습니다. 즉, M0 세상의 막과 M1 세상의 막에는 중력자의 순환이 있다는 것입니다.

M1의 세계는 거미나 개미, 물고기, 인간의 육체 성분 같은 생명체가 죽으면 가는 세계입니다. 그리고 M2의 세계는 영혼의 존재인 인간의 영혼만이 모이는 곳이죠. 동물은 영혼이 없어서 M1의 세계로만 생명체의 흐름이 일어납니다. 하지만 인간은 육체와 영혼을 다 가지고 있어서 육체는 M1의 세계로 가고, 영혼은 M2의 세계로 가게 됩니다. 즉, 육과 영이 분리가 되는 거죠.

하지만 원칙적으로 M2(인간 영혼의 세계)와 M3(신의 세계)는 우리 공간의 세계와 교류가 일어나지 않습니다. 즉, 우리가 사는 공간의 우주에서는 유일하게 시간의 존재인 인간의 영혼만이 이러한 시간의 세계와 유일한 접촉 수단입니다.

태초의 시대에는 시간의 세계와 공간의 세계가 하나로 합쳐져 있었다. 그래서 인간에게도 영원무궁한 삶이 보장되어 있었던 것이다. 하지만 인간의 타락 이후에 이 두 세계가 분리되어버린다. 그리고 인간의 영혼은 시간세계의 두 번째 하늘인 M2라는 곳에 갇히게 된다. 이것이 신이 말한 '정녕 죽은 상태'이다.

    태초에는 시간의 세계와 공간의 세계가 결합이 되어 있었기 때문에 별문제가 없었지만 인간의 타락 이후 시간과 공간의 세계가 분리되면서 문제가 생기게 되는데요. 즉, 생명의 순환은 계속 유지가 되나 인간의 영혼이 M2의 세계에 갇히게 된 것입니다.

    이것이 성경에서 신이 인간에게 저주하는 말입니다. "네가 정녕 죽으리라", 즉 시간의 세계가 공간의 세계와 분리가 되면서 영원 불멸의 세계가 깨어진 것과 동시에 인간의 영혼이 M2의 세계에 갇히게 된 것입니다. 인간이 정녕 죽게 된 것이죠. 이것이 가장 큰 비극이었습니다. 신학적으로 제일 문제가 되는 부분입니다.

인공지능과 요한계시록 그리고 부활 환생의 비밀

5.
빅뱅이론과 창조론의 관계:
초정밀도로 미세조정이 되어서 만들어진 우주

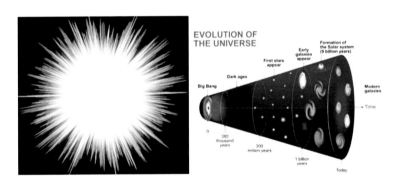

빅뱅이론에서 말해주는 충격적인 사실은 물질에도 시작이 있었다는 사실이다. 이는
1700~1800년대의 사람들이 들으면 기절초풍할 말이다. 근대시대 사람들이 영원하다고
믿었던 물질에도 시작이 있었다니! 그렇다면 '물질에도 끝이 있지 않겠는가?'라는 생각이
드는 것은 당연한 일이다.

　빅뱅이론의 의의는 물질에도 시작이 있었다는 것입니다. 사실

그전 1700~1800년대의 근대주의적인 물질절대주의 사고방식에 의하자면 물질은 영원한 것이라고 생각을 했습니다. 즉 물질은 시작도 없고 끝도 없이 영원 전부터 영원 후까지 존재하는 것이라고 생각을 했죠. 하지만 빅뱅이론에 의해서 이러한 물질에도 시작이 있었다는 것이 밝혀지게 된 것입니다. 물질에 시작이 있었다! 참 이상한 일이지요? 그것도 폭발이라는 극단적인 방법으로 물질이 탄생하게 된 거란 말이에요.

사실 빅뱅이라는 것은 일종의 폭발 현상이죠? 일반적으로 폭발 현상은 엄청난 파괴의 현장이잖아요? 즉, 큰 폭발 후에는 폭발물의 잔해, 파편만이 나뒹구는 것처럼 무질서도가 엄청나게 증가하는 것이 훨씬 더 정상적이라는 것이죠.

하지만 지금의 우주를 보면 무질서도가 증가했다기보다는 극단적으로 감소된 것으로 보입니다. 그리하여 지금의 물질세계를 만들어내게 되었고 급기야는 생명 현상까지 만들어내게 되었죠.

이것을 우주적 우연이라고 말합니다. 더 정확히 말한다면 우주적 기적이라고 말씀드려야겠네요. 더구나 이 표현은 우주진화론자들이 하는 표현입니다. 현대의 생명진화론자들이 현대생물학에 깊이 들어갈수록 진화에 대해서 고개를 갸우뚱거리게 되는 것처럼 우주진화론자들마저도 아무리 생각해 봐도 물질의 진화 과정이 이해가 되지 않는다는 겁니다. 즉, 그것을 간접적으로 표현한 말이에요.

인공지능과 요한계시록 그리고 부활 환생의 비밀

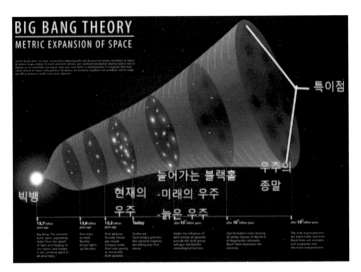

BIG BANG THEORY
METRIC EXPANSION OF SPACE

특이점

늘어가는 블랙홀

우주의 종말

현재의 -미래의 우주
빅뱅   우주 늙은 우주

빅뱅으로 시작된 역사는 블랙홀로 끝나게 될 가능성이 가장 크다. 그렇다면 역사는 순환적인가? 아니면 직선적인가? 당연히 직선적이다.

　빅뱅이론과 블랙홀이론은 이런 면에서 본다면 직선론적인 역사관을 지지하는 것으로 보입니다. 즉, 시작이 있으면 끝이 있다는 거예요. 현재는 암흑물질에 의해서 빅 크런치로 끝날 것인지 아니면 무한대로 커져서 아예 사라져버릴 것인지 아직 결론이 안 난 상태입니다. 하지만 둘 다 우주가 사라진다는 사실에는 변함이 없죠. 왜냐하면 우주가 무한대로 커져버리게 되면 나중에는 원자까지도 분해가 되어버린다는 것이거든요. 그러니까 현재 빅뱅 우주가 팽창으로 가도 끝이 있고, 수축으로 가도 끝이 있다는 겁니다.

우리의 우주는 마치 비행기처럼 일정한 운행 기준을 가지고 있다. 즉, 비행기는 크루즈 자동 운전을 위해서 고도, 속도, 방향 등을 정해놓고 운항을 하지 않는가? 그것처럼 우리의 우주도 일정한 상수들을 정해놓고 우주라는 거대한 비행선을 운행하고 있다는 것이다. 하지만 문제는 그러한 수치들이 상상을 초월할 정도로 작은 값이라는 것이다. 이를 두고 우주진화론자들이 하는 자조적인 말이 바로 '우주적 우연'이라는 말이다. 이는 다른 말로 '우주적 기적'이라고 불러야 마땅하다.

　우리가 한 가지 잊지 말아야 할 중요한 점이 있어요. 즉, 우주라는 이 어마어마한 스케일의 공간이 엄청나게 작은 힘에 의해서 조절되고 있다는 것을 알고 계십니까? 대부분의 사람들은 잘 모르고 있을 건데요. 아마 이것을 알고 나면 경악을 금치 못하실 겁니다.

　위 사진에서 보듯이 비행기를 운전하기 위해서는 몇 가지 수치가 필요하지요? 고도와 크루즈 운항 속도 같은 것들을 일정하게 정해놓아야 합니다. 이 점은 우주에 있어도 마찬가지입니다. 우주를 관리하는 상수들이 있어요. 영국의 저명한 물리학자 마틴 리스(1942~) 경이 제시한 우주의 기적적인 상수들입니다.

비행기의 운항 상수	우주 유지에 필요한 상수
최고 속도의 한계	ε(엡실론) - 수소 원자 2개가 헬륨으로 핵융합을 일으킬 때 에너지로 전환하는 양: 0.007
비행기 자체의 밀도	Ω(오메가) - 현재의 우주 밀도를 유지하기 위해서는 빅뱅 후 1초 때의 우주 전체의 밀도 차이가 0.000000000000001 이 상 나면 안 됨
비행기의 최저 속도	λ(람다) - 아인슈타인의 일반상대성이론에서 나오는 우주상 수: 6.2201×10^{-40} N·m^{-2}·kg^{-2}·s^{-1}이다. 반중력으로써 우주의 팽창을 억제함
비행기의 승강타력	Q(큐) - 우주배경복사의 불규칙성을 나타내는 값. 즉 우주 전체의 온도 차이: $0.00001(10^{-5})$
비행기 소재 결합력	N - 원자 사이의 전자기력과 원자 사이의 중력의 차이: 약 10^{36}배 차이
비행기의 3차원 구조	D - 우리 공간의 차원의 수를 나타냄: 3차원

첫째 상수는 엡실론(ε)이라는 상수가 있습니다. 이것은 한마디로 말하자면 수소와 수소가 합쳐져서 헬륨이라는 것이 되게 되는데 그 전환 비율입니다. 이 수치가 0.007인데요. 수소가 헬륨으로 변화되는 비율이라고 보시면 됩니다. 이것보다 조금이라도 작거나 크면 우주의 생성이 안 된다는 것입니다. 생각해보세요. 어마어마하게 큰 스케일의 우주가 이러한 작은 수치에 의해서 조절된다고 하는 것이 신기합니다. 폭탄도 어마어마한 폭탄이죠? 그런데 그렇게 큰 폭탄이 이러한 작은 수치에 의해서 조절이 되냐

는 말이죠.

일반적으로 폭발이라는 현상은 파괴적인 현상이다. 하지만 우주에서 가장 큰 폭발이었던 빅뱅 현상은 아이러니하게도 우주에서 제일가는 질서 현상을 만들어냈을 뿐만 아니라 심지어는 생명 현상이라는 고도의 초질서 현상을 만들어내게 된다.

둘째 상수는 오메가(Ω)인데요, 이건 우주의 상대적 밀도를 이야기하는 겁니다. 폭발 현상이라는 것은 필연적으로 가까운 곳과

일반적으로 폭발 현상에서는 폭발 지점과 폭발 지점에서 먼 곳의 온도와 밀도 차이가 많이 나게 되어 있다. 하지만 오메가(Ω) 상수나 큐(Q) 상수를 보면 우주라고 하는 137억 광년이라는 공간에서 폭발 지점과 폭발 지점에서 가장 먼 곳까지 밀도와 온도 차이가 거의 나지 않았다는 것을 볼 수 있다. 이해가 되는가? 그래서 빅뱅 우주를 미세조정된 우주라고 부르는 것이다.

인공지능과 요한계시록 그리고 부활 환생의 비밀

먼 곳에 밀도 차이가 확연하게 날 수밖에 없죠? 하지만 빅뱅은 그 차이가 폭발의 크기에 비해서 이해가 안 될 정도로 작은 차이인 1천조분의 1일 정도로 너무 작다는 겁니다. 너무 이상한 현상입니다.

셋째 상수는 Q라는 것입니다. 이건 우주배경복사의 불규칙성을 나타내는 겁니다. 한마디로 말하면 우주의 온도 차이를 말합니다.

위에서 말씀드린 대로 빅뱅 후 우주의 밀도 차이가 1천조분의 1이라고 했죠? 그와 마찬가지로 빅뱅은 일종의 폭발 현상이니 온도 차이도 있었을 거 아닙니까? 그런데 관측된 바에 의하면 빅뱅 시작점과 우주 끝과의 온도 차이가 10만분의 1 정도밖에 차이가 안 났다는 거예요.

예를 들자면 화산 폭발 시에는 발화 지점과 먼 곳과는 확연히 온도 차이가 나게 되죠? 하지만 빅뱅 현상에서는 그 차이가 반드시 10만분의 1 정도만 차이가 납니다. 그리고 이것도 상수이므로 반드시 그래야만 한다는 거죠. 반드시 그래야지만 지금의 우주가 형성된다는 거예요. 이것은 이해가 더 안 되죠.

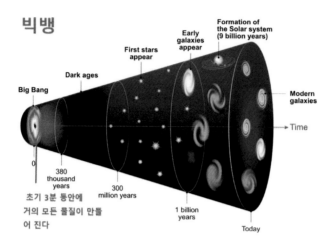

빅뱅

Big Bang

Dark ages

First stars appear

Early galaxies appear

Formation of the Solar system (9 billion years)

Modern galaxies

Time

0

380 thousand years

300 million years

1 billion years

Today

초기 3분 동안에 거의 모든 물질이 만들어 진다

지금 우리의 우주는 아직도 계속 커지고 있다. 그런데 문제는 이러한 우주라는 커다란 덩치의 비행체가 가진 팽창가속도의 값이 $6.2201 \times 10^{-40} \mathrm{N \cdot m^{-2} \cdot kg^{-2} \cdot s^{-1}}$이라는 작은 값이라는 것이다. 1N이라는 것은 일종의 힘의 단위이다. 1뉴턴이란 1kg의 무게가 $1\mathrm{m/s^2}$의 가속도를 내려는 힘을 말한다. 이 힘이 그렇게 세 보이는가? 그런데 이 상수의 단위를 보라. 1N이라는 힘의 마이너스 40승 단위로 시작한다. 실로 작은 값이 아닐 수 없다. 즉, 이보다 조금이라도 더 크거나 작으면 우주의 유지에 문제가 생긴다는 말이다.

　넷째 상수는 우주 팽창가속도를 결정하는 상수인 우주상수 람다(λ)입니다. 이것도 굉장히 중요한 상수인데요, 바로 우주 팽창의 가속도를 말하는 것입니다. 우주상수 람다의 실제적인 관측값은 대략 $6.2201 \times 10^{-40} \mathrm{N \cdot m^{-2} \cdot kg^{-2} \cdot s^{-1}}$이고 다른 단위로 환산하면 $1.19 \cdot 10^{-52} \mathrm{m^{-2}}$인데, 이것 자체도 가만히 보시면 엄청나게 미세한 값이죠? 여러분 1N이라는 것은 일종의 힘의 단위예요. 1뉴턴이란 1kg의 무게가 $1\mathrm{m/s^2}$의 가속도를 내는 힘입니다. 이 힘이 그렇

　　　　　인공지능과 요한계시록 그리고 부활 환생의 비밀

게 세 보이나요? 그런데 이 상수의 단위를 보세요. 1N이라는 힘의 마이너스 40승 단위로 시작하죠? 실로 작은 값이 아닐 수 없습니다.

이를 풀어서 해석을 해본다면 이 값보다 조금이라도 더 크거나 작으면 우주의 팽창이 너무 빨라지게 되거나, 쪼그라들어서 이 크나큰 우주가 유지가 되기 힘들다는 거예요. 이것 역시 앞의 상수들과 마찬가지로 누군가에 의해서 초미세조정이 되고 있는 우주의 모습을 보여주고 있습니다. 이건 누가 조정하고 있는 것이 맞지요. 이렇게 큰 우주를 어떻게 이렇게 작은 값으로 붙들고 있냐는 말입니다. 상식적으로 이해가 가십니까?

그런데 최근에 들어와서 밝혀진 바에 의하면 더 큰 문제가 발생을 해요. 우주상수의 이론적인 값이 실제로 관측되는 값보다 10^{120}배 정도 큰 것으로 밝혀진 겁니다. 즉, 반대로 이야기하자면 우주상수의 실제 값이 이론값보다 10^{-120}배 정도 작다는 말입니다. 이것을 우주상수 문제라고 하는데 물리학에서 해결해야 할 가장 어려운 문제로 알려져 있어요. 차라리 관측 값이 정확히 0이라면 오히려 더 쉽겠죠. 하지만 0이 아니고 10^{-120} 값이기 때문에 이렇게 작은 값을 어떻게 찾아내겠어요? 이것이 바로 현대물리학의 최대 난제입니다.

그리고 위에서 보는 전자기력, 즉 자석의 힘은 이 커다란 우주를 움직이는 힘인 중력보다 반드시 10^{36}배 더 커야 한다. 36배가 아니다. 10^{36}배가 더 커야 한다. 위에서 보는 자석의 힘이 커 보이는가? 그게 전자기력이다. 그런데 중력의 힘이 전자기력보다 그렇게 더 작다는 것이다. 그리고 반드시 그래야만 이 우주가 유지가 된다는 것이다. 이것을 보고 우리가 미세조정된 우주라고 부르는 것이다.

모든 것을 상식적으로 생각하고 상식 위에 서서 판단해야 건강한 과학이 되어가는 것입니다. 과학이 상식을 무시하고 자기 멋대로의 길을 갈 때 바로 1차, 2차 세계대전 같은 비극이 벌어지는 것입니다.

다중 이론이란 것은 한마디로 하자면 우주에 나와 같은 존재가 무수히 존재할 수 있다는 가설입니다. 즉, 우리의 우주도 무한대의 개수로 존재하고 거기에 사는 우리라는 존재도 무수히 존재한다는 것입니다. 무슨 말이냐고요? 하지만 다중우주론은 기독교적으로는 '자유의지의 문제'로 보시면 됩니다. 즉, 신이 인간에게 준 가장 큰 선물은 무엇이죠? 바로 자유의지라는 겁니다. 인간은 인격적인 존재이죠? 그래서 자기의 일을 자기가 선택하는 존재인 것입니다. 다중우주론에 의하면 우주에는 아담과 이브가 타락을 하지 않은 에덴동산이 존재할 수도 있어요. 그리고 이브만 타락한 우주가 존재할 수도 있습니다. 그리고 아침에 멀쩡하게 회사에 출근한 내가 교통사고를 당해서 죽어 있는 우주도 존재할 수도 있다는 겁니다. 즉, 우리의 선택에 따라서 우리의 인생이 완전히 다른 삶을 사는 내가 우주에 무한히 존재할 수 있다는 개념입니다.

그것이 바로 자유의지의 삶이지요? 이렇듯이 현대과학을 잘 연구해보면 성서에서 보던 많은 개념이 속출하는 것을 볼 수 있습니다.

6.
블랙홀과 종말론

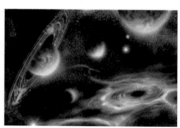

블랙홀이 지구에 다가오는 모습. 태양계의 각종 행성이 블랙홀로 빨려 들어가고 있다.

블랙홀이 지구에 다가오는 모습을 보면 각 행성이 블랙홀로 빨려 들어가고 있습니다. 블랙홀이론의 의미는 종말의 의미입니다. 즉, 빅뱅이론이 시작을 이야기했다면 블랙홀이론은 종말을 이야기하는 학문입니다. 빅뱅이 어떻게 시작이 됐지요? 갑자기

인공지능과 요한계시록 그리고 부활 환생의 비밀

시작이 됐지요? 블랙홀 이론은 이와는 정반대의 이야기입니다. 갑자기 사라지는 것에 대한 이야기이고 갑작스러운 차원 이동에 대한 이야기입니다. 즉, 종말에 관한 이야기라는 거죠.

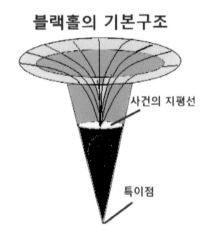

블랙홀의 기본구조

사건의 지평선

특이점

우리 은하 내부에만 해도 수만 개 이상의 블랙홀이 있다고 한다. 우리 은하에는 우리의 태양 같은 항성, 즉 별이 천억 개 이상 있다. 거기에 비하면 블랙홀의 개수가 적은 것이 아니다. 그중에서 가장 가까이 관찰된 블랙홀은 300광년 떨어져 있다고 한다.

왜 뜬금없이 블랙홀 이야기를 하냐면요. 바로 역사의 끝을 이야기하려고 하는 겁니다. 빅뱅을 우주의 시작이라고 했죠? 자, 이제 역사의 시작이 있었으니 역사의 끝에 대해 이야기해보려고 하는 거예요.

빅뱅이 천지의 시작에 대한 이야기였다면 블랙홀은 천지의 끝에 관한 이야기이다. 블랙홀은 종말의 날에 인간을 다른 차원으로 이동시켜주는 수단이 될 것이다. 블랙홀은 웜홀이라는 다른 차원으로 이동하는 포인트를 가지고 있기 때문이다.

여러분, 혹시 요한계시록이라는 책에 대해서 들어보거나 본 적이 있으신가요? 요한계시록은 성서의 제일 끝에 나와 있는 일종의 예언서인데요. 네, 맞습니다. 말도 많고 탈도 많은 책입니다. 종말론자들이 하도 악용을 많이 하는 바람에 일반인들에게는 별로 인식이 좋지 않은 책이기도 하죠. 하지만 분명한 것은 기독교에서는 창세기만큼이나 중요한 책이라는 사실입니다.

아무튼 여기에서 묘사된 인류 종말의 양상이 지금 이야기하려고 하는 블랙홀의 현상과 아주 유사한 면이 있기 때문에 말씀드리려고 합니다. 여기에서 묘사된 속칭 '휴거'라고 불리는 현상에서는 어떤 이유로 인해 사람들이 공중으로 붙들려 올라간다고 이야기합니다.

인공지능과 요한계시록 그리고 부활 환생의 비밀

그리고 새 하늘과 새 땅이 온다고 이야기를 하죠. 앞으로 말씀 드리겠지만 블랙홀은 강력한 중력을 가진 중력 덩어리입니다. 즉, 사물을 끌어당기는 거죠. 그리고 아직 정확히 규명이 되지는 않았지만 그 중심에는 웜홀이라고 불리는 특이점을 통해서 다른 차원으로 통하는 포인트를 가지고 있습니다. 이 모습을 가만히 보면 요한계시록에 묘사된 종말의 모습과 매우 유사하죠? 즉, 중력에 따라 올라간 후 다른 차원으로 이동하는 모습이요.

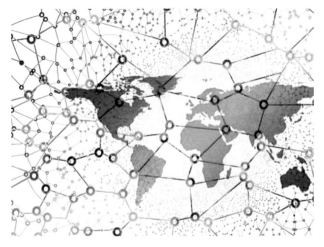

지금의 네트워크화된 사회는 종말을 위한 일종의 포석과도 같은 것이다. 지금까지 있어왔던 많은 제국, 즉 몽골제국, 로마제국, 알렉산더제국, 인도, 중국 등 많은 나라들이 있어왔지만 지금의 지구처럼 한 사람이 전 세계인에게 영향을 미칠 수 있었던 적이 있었던가? 지금까지 존재해왔던 모든 황제들의 힘을 다 합친다 해도 지금 SNS상 스타 한 사람의 영향만도 못할 것이다.

종말의 키워드를 생각해봅시다. 적그리스도, 아마겟돈 전쟁,

경제와 관련된 666의 표식, 그리고 예수 그리스도의 재림, 새 하늘과 새 땅의 도래 등등이 있죠. 이제부터 그 하나하나에 대해서 현대 사회의 흐름과 맞추어서 생각해보겠습니다.

먼저 적그리스도에 대해서 이야기를 해보겠습니다. 지금의 발달된 네트워크는 적그리스도가 나타나기 위한 일종의 사전 포석 같은 것이라고 볼 수 있습니다. 즉, 세계 역사를 보면 그 어떤 큰 제국이라 하더라도 지금의 세계처럼 전 세계를 이처럼 하나로 묶어내지는 못했습니다.

즉, 알렉산더제국이나 로마제국, 몽골제국, 중국이나 인도제국처럼 큰 나라라고 해도 전 세계를 지배한 것은 아니었죠. 하지만 지금 돌아가는 전 세계의 추세를 보세요. 발달된 통신이나 네트워크, 인터넷의 발달로 인해 지금은 한 사람이 전 세계를 상태로 영향력을 끼칠 수 있는 정도가 되었죠. 즉, 지금까지 지구상에 존재했던 모든 제국을 다 합친 것보다도 더 큰 영향을 미칠 수가 있게 되었습니다. 개인이 마음만 먹으면 전 세계를 조종할 수 있는 시대가 된 겁니다. 최근에는 인터넷뿐만 아니라 SNS가 엄청나게 발달하면서 이 세계가 거의 하나가 된 것처럼 느껴질 정도입니다.

이러한 사회현상들이 바로 적그리스도가 나타나기에 아주 적절한 조건이 아닐까요?

우리나라도 이제 애완견 관리를 위해 칩을 심는 것이 의무화되었다. 현대의 보안기술은 불완전하다. 왜냐하면 복제기술이 금방금방 나오기 때문이다. 요즘같이 개인의 정보가 곧 돈인 세상에서는 개인정보의 보호가 가장 중요하지만 발달된 기술은 자꾸 그것을 복제해버린다. 그래서 제일 확실한 기술은 자기 자신의 몸에 심는 것이 가장 안전하다는 말이 나오는 것이다. 하지만 이는 기독교인들의 격렬한 반대로 시행되지 못하였다. 하지만 언제까지 그럴 수 있을 것인가?

그다음으로는 666 표식에 대해서 말씀드리겠습니다. 우리나라에서도 애완동물을 체계적으로 관리하기 위해서 반도체 칩을 심는 것이 의무화되었습니다.

그렇듯이 지금 현대에 들어와서는 기술의 발전에 의해서 독점적인 보안이 점점 힘들어지게 된 것입니다. 지금은 지문도 모자라 인간의 눈에 있는 홍채인식 장치까지 나온 상태이지 않습니까? 하지만 문제는 시간이 지나면 이러한 기술도 모방 기술이 금방 나온다는 것입니다. 그리하여 이러한 문제가 계속 대두가 될 경우 사회 문제가 될 수 있고, 비기독교인을 중심으로 몸에 심는 보안 장치를 착용해나간다면 결국에는 기독교인들의 숫자가 훨씬 적은 상태에서 점점 경제생활에서 밀려나게 되는 것도 사실 짐작해볼 수 있는 것입니다.

인류 멸망 시나리오 중에 가장 유력한 후보는 블랙홀입니다. 실제로 은하계만 해도 블랙홀이 수만 개가 있다고 했습니다. 그리고 가장 가까이 있는 것이 약 300광년 거리에 있다고 했지요? 현실적으로도 아주 멀리 있는 것은 아닙니다. 그리고 블랙홀은 돌아다닐 수도 있거든요.

최근의 천문학에서 가장 핫한 이슈가 바로 블랙홀이라고 했지요? 그만큼 아직 밝혀진 것은 별로 없습니다.

하지만 분명한 것은 인류가 멸망을 할 때는 그냥 서서히 점진적으로 되는 게 아니라 어느 한순간에 이루어지게 된다는 겁니다. 빅뱅에 의해서 이 우주가 갑자기 생겨났듯이 종말의 세계도 그러한 방식으로 블랙홀처럼 갑자기 온다는 것이죠. 아무튼 전쟁이 일어날 수도 있겠죠. 그리고 여러 가지 일이 일어날 수 있겠지만 정작 종말의 순간이 올 때는 순간적으로 오지, 그렇게 서서히 오지 않는다는 것입니다.

적그리스도에 대해서도 제가 말씀드렸죠. 가상적으로 인류 종말의 시점을 뉴턴이 예언한 2061년으로 생각해봅시다. 성경에 나온 인류 멸망 시나리오를 보면 적그리스도가 먼저 나타난다고 그랬죠. 그리고 그가 전 세계인을 지배한다고 했어요. 즉, 경제를 지배하고 세계를 좌지우지하게 되겠죠.

그전에도 말씀드렸지만 지금까지 로마제국이나 몽골제국 등등 많은 패권국가들이 있었습니다. 하지만 하나의 제국이 전 세계를 지배한 건 아니었잖아요. 더구나 무력이나 힘으로 다스렸지, 의식이나 정신으로 다스린 건 아니었죠?

그런데 지금의 시대는 어떻습니까? 한 사람이 마음만 먹으면 전 세계인을 움직일 수 있어요. 고도로 발달한 SNS와 네트워크를 가지고 있는 사람은 지구상에 있었던 어떠한 제국의 황제보다도 전 세계인에게 영향을 끼칠 수 있는 시대가 되어가고 있습니다. 더군다나 그가 막대한 자본과 엄청난 인력을 투여할 수 있는 존재라면요? 더 심각한 상황이 될 수도 있겠지요? 우리는 그것을 볼 줄 아는 사람들이 되어야 합니다.

7.
진화론에 대해

진화론에서의 진화는 시간이 부족합니다. 신이 창조했기 때문에 38억 년이라는 짧으면서도(?) 최소한의 과학이 들어간 시간에 생명체를 만들 수 있었습니다. 무슨 말이냐고요? 이제부터 그 이야기를 해보려고 하는 겁니다.

3대 영양소에 대해서는 다들 들어보셨죠?

탄수화물 → 포도당 → 에너지원 + 나머지는 글리코겐으로 저장
지방 → 지방산 → 에너지원 + 나머지는 지방으로 저장
단백질 → 아미노산 → 에너지원 + 우리 몸의 세포 구성을 함

네, 맞습니다. 3대 영양소는 다 아시다시피 탄수화물, 단백질,

인공지능과 요한계시록 그리고 부활 환생의 비밀

지방이 있습니다. 이 세 가지 영양소가 쪼개지면 바로 최종적으로 포도당, 아미노산, 지방산이 되는 것입니다. 이 중에서 인체 대부분을 형성하는 물질은 바로 단백질이죠. 포도당은 거의 몸을 구성하는 일은 없고 나머지는 지방의 형태로 보관이 됩니다.

이렇게 우리 몸은 기본적으로 단백질로 되어 있다고 보시면 됩니다. 그런데 그 단백질을 이루는 기본 단위가 바로 아미노산이라는 겁니다. 즉, 단백질은 아미노산이 모여서 만들어지는 구성체이거든요.

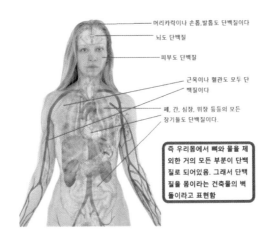

머리카락이나 손톱, 발톱도 단백질이다

뇌도 단백질

피부도 단백질

근육이나 혈관도 모두 단백질이다

폐, 간, 심장, 위장 등등의 모든 장기들도 단백질이다.

즉 우리몸에서 뼈와 물을 제외한 거의 모든 부분이 단백질로 되어있음. 그래서 단백질을 몸이라는 건축물의 벽돌이라고 표현함

아미노산의 종류

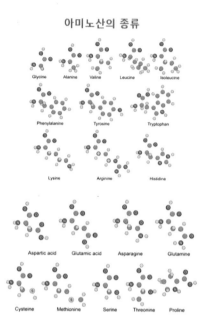

우리 몸의 대부분은 단백질로 만들어져 있다. 그리고 그 단백질을 만드는 원료가 위의 20여 가지 아미노산이다. 그리고 그 20여 개의 아미노산 중에서 50개에서 500개 정도를 골라서 단백질을 만들어낸다. 이때 20^{50}에서 20^{500}까지 경우의 수가 나오는 것이다. 자연은 이 엄청난 경우의 수와 싸워야 한다.

즉, 위의 아미노산 20개로 모든 단백질을 만들어내게 되는 것입니다. 자, 아미노산이 1번부터 20번까지 있다고 합시다. 우리가 가장 기본적인 단백질을 이루려면 아미노산이 최소 50개에서 보통 300개 정도 결합을 해야 합니다. 사실은 500개짜리도 많습니다.

인공지능과 요한계시록 그리고 부활 환생의 비밀

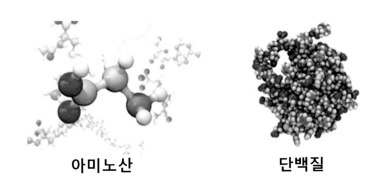

아미노산　　　　　**단백질**

　단백질은 생명체라는 집을 짓는 건축물의 벽돌과도 같은 것이다. 그리고 아미노산은 그 벽돌을 만드는 시멘트나 모래와 같다. 시멘트와 모래를 적당히 뭉쳐서 벽돌을 만드는 것처럼 아미노산이 결합하여 단백질을 만드는 것이다.

　보통 건물을 지을 때 벽돌을 쌓으면서 지어나가죠? 마찬가지로 생명이라는 건축물이 탄생하기 위해서 제일 기본적인 벽돌이 되는 것이 바로 단백질입니다.

　그런데 이 벽돌이 만들어지기 위해서는 아미노산이라는 시멘트와 모래가 잘 섞여야 벽돌을 만들 수가 있어요. 그런데 이 비율 맞추기가 참 힘들거든요. 거의 확률이 0에 가까운 확률이에요. 이를 좀 더 자세히 설명해드리겠습니다.

　단백질은 이런 아미노산이 평균 300개 정도가 모여서 하나의 단백질을 만들어내게 되는데요. 여기서부터가 어마어마한 일이 벌어지게 되는 구간입니다. 20개의 아미노산 중 300개를 결합하려 하면 그 경우의 수는 20^{300}이 되고 이것을 10진수로 변환을 시키면 그 경우의 수는 약 10^{390}이 됩니다. 즉, 20개의 아미노산 중에서 300개를 골라서 배열하는 경우의 수가 그렇다는 말입니다. 이 배열이 정확히 되어야 정상적인 단백질이 만들어질 수 있는 거거든요.

이것은 어마어마한 경우의 수이지요? 단적인 예를 들자면 우주에 존재하는 모든 원자의 숫자를 합쳐도 10^{80}개 정도입니다.

이것도 실로 어마어마한 숫자입니다. 너무 큰 숫자이기 때문에 언뜻 이해가 가지 않으실 겁니다. 지구의 인구가 지금 한 70억 명 정도 된다고 하지요? 10^9 정도 되네요.

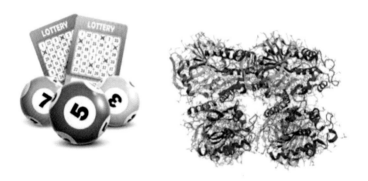

우리가 흔히 아는 로또 복권에 당첨될 확률은 어림잡아 천만분의 일이다. 경우의 수로는 10^7 정도 된다. 우측의 300개 정도의 아미노산으로 된 단백질의 경우의 수는 10^{390}개 정도이다. 이는 로또복권 1등에 연속 56주 당첨될 확률과 같다. 우주가 아무리 오래 지속된다고 해도 이러한 일이 일어날 수 있을까? 그것은 거의 무한한 시간을 기다려야 할 일이다.

인공지능과 요한계시록 그리고 부활 환생의 비밀

로또 복권 1등에 당첨될 확률은 814만분의 1이므로 거의 10^7 정도 됩니다. 그러면 10^{390}분의 1의 확률에 당첨이 되려면 로또 복권 1등에 매주 당첨되어서 거의 56주 정도 연속 당첨될 확률이 됩니다. 즉, 한 주도 안 빼고 1년 내내 1등에 당첨될 확률이거든요. 여러분 주위에 로또 복권 1등에 당첨되신 분 본 적이 있으신 가요? 엄청난 행운이죠? 그런데 이분이 한 10주 연속 1등에 당첨이 된다고 생각을 해보세요. 이것이 가능한 일일까요? 이쯤 되면 복권 당국에 문제 제기가 들어가겠지요? 엄청난 음모론이 제기될 것입니다. 즉, 추첨 결과를 누군가 조작한다고 생각을 할 것입니다. 누구나 그렇게 생각을 하지 않겠습니까?

　그런데 이 경우는 1년 내내 56주 연속 1등 당첨되는 경우입니다. 이게 누군가의 조작 없이 가능하다고 보십니까? 그리고 설사 그렇더라도 겨우 300개짜리 아미노산 단백질이 달랑 하나 만들어지게 돼요. 그리고 이러한 단백질이 천여 개가 모여야 비로소 박테리아 한 마리가 만들어지게 됩니다.

　이에 대해서 좀 더 구체적으로 설명해보겠습니다. 우리 몸에서 비교적 간단한 단백질인 인슐린을 가지고 예를 들어보겠습니다. 인슐린은 50여 개의 아미노산으로 되어 있어요. 그러면 일단 이의 확률은 20^{50}의 확률이 됩니다. 즉, 20개의 아미노산 중에서 50개를 골라야 하기 때문입니다. 이 50개 아미노산의 정확한 배열이 이루어져야 50개짜리 아미노산을 가진 단백질이 된다는 것이죠. 이 확률도 또한 엄청난 확률입니다. 이를 10진수로 바꾸면

10^{65} 정도의 경우의 수가 되거든요.

이것은 비밀번호가 65개인 자물쇠를 푸는 것하고 똑같거든요?
여러분 보통 집에 들어갈 때 아파트 비밀번호가 몇 개이죠?

보통 아파트 현관문의 비밀번호는 4개인데 이것을 도둑이 전혀 모르는 상태에서 4개 번호를 맞추기 위해서는 각각의 조합을 다 맞추어보아야 한다. 한 조합을 맞추는 데 각각 4초로 계산하면 약 11시간을 꼬박 맞추어보아야 한다는 결론이 나온다.

보통은 4개이죠? 그럼 도둑이 집에 왔을 때 그 번호를 알고 들어올 확률은 거의 없지요? 그 확률이 10,000분의 1이거든요. 즉, 비밀번호를 알아내기 위해서는 10,000번의 조합을 해봐야 한다는 의미입니다. 이를 시간으로 따져본다면 4가지 조합을 만드는 데 4초 정도 걸린다고 합시다. 그럼 10,000번을 맞춰봐야 하니 약 40,000초가 걸리겠네요. 그럼 약 11시간을 맞추어봐야 한다는 결론이 나옵니다. 즉, 이때 도둑이 그 집을 털기 힘든 이유는 이렇게 11시간 동안이나 비밀번호를 맞추어볼 시간이 없기 때문입니다.

그렇다면 비밀번호가 5개짜리가 되면 어떻게 될까요? 400,000초가 걸리겠지요? 그럼 111시간이 걸립니다. 이렇게 쭉 나아가 봅시다.

비밀번호가 10개 정도 되면 어떻게 됩니까? 이때는 약 400억초가 필요합니다. 그러면 무려 약 1,268년이 필요합니다. 비밀번호가 10개면 4초는 더 걸리겠지요? 하지만 4초로 치겠습니다. 이것이 바로 지수함수의 힘입니다. 즉, 기하급수적으로 늘어나게 되지요?

만약 아파트 비밀번호가 20개라면 20개 조합을 맞추는 것을 똑같이 4초 만에 누른다고 해도 이 조합을 푸는 데는 약 12조 년이라는 어마어마한 시간이 걸린다.

위 그림에 보시면 비밀번호 20개짜리가 있습니다. 자, 이제 비밀번호 20개짜리로 가봅시다. 그러면 약 4해 초 정도가 필요합니다. 해라는 숫자는 조, 경 다음의 단위이죠. 물론 비밀번호가 20개 정도 되면 누르는 시간도 그만큼 걸리겠지요. 하지만 그런 거 고려하지 않고 평균 4초가 걸린다고 가정해봅시다. 4해 초라는 것은 천문학적인 숫자입니다. 10^{20}초이거든요.

이것을 다시 시간으로 환산하면 약 12조 년입니다. 자, 도둑이

20개짜리 비밀번호를 푸는 데 12조 년이 걸립니다.

위와 같은 아미노산 65개짜리 단백질의 아미노산 배열을 맞추는 것은 한 조합당 4초 만에 한다면 12,600,000,000,000,000,000,000,000,000,000,000,000년(1.26해×해 년)이 걸린다. 거의 무한대의 시간이 걸린다고 보아야 한다.

   이런 식으로 쭉 계산해보면 아미노산 65개짜리 단백질 아미노산의 배열을 맞추려면 한 조합당 4초 만에 한다고 해도 12,600,000,000,000,000,000,000,000,000,000,000,000년(1.26해×해 년)이 걸립니다. 거의 무한대의 시간이 걸린다고 보아야 하는 거죠? 문제는 이제 겨우 아미노산 50개짜리 단백질 하나 만들어내었다는 것입니다. 그것도 가장 간단한 단백질 하나 만들었네요. 하지만 문제는 지금부터입니다. 가장 간단한 박테리아 한 마리 만드는 데도 필요한 단백질의 수는 약 1,000개 정도입니다. 그것도 보통은 아미노산이 300개 정도가 되는 것, 500개 정도 되는

인공지능과 요한계시록 그리고 부활 환생의 비밀

것도 필요합니다. 사실 아미노산 50개짜리로 된 단백질은 드물다고 보아야 합니다. 보통 저등생물에서는 150개에서 300개 정도가 많고 보다 고등동물에서는 300개 이상이 가장 흔하거든요. 이러한 단백질을 만들어낼 확률은 사실 불가능에 가까운 확률입니다. 즉, 20^{150}, 20^{300}, 20^{500}이러한 확률입니다. 실로 무지막지한 확률을 극복해야 합니다. 자연은 어떻게 이러한 단백질을 무지막지하게 많이 만들어내었던 것일까요? 우리의 자연은 얼마나 능력이 있는 것일까요? 우주의 역사가 137억 년인데 벌써 진화론은 시간이 너무 부족합니다. 우주 전체의 시간은 13,700,000,000년(1.37×10^{10}년)입니다. 그런데 50개짜리 아미노산 단백질을 만드는 데만 해도 시간이 벌써 1.26×10^{40}년이 걸리네요. 우주 전체의 시간보다 약 100억해 년(10^{30}년)이 더 걸렸습니다.

아미노산 50개짜리 단백질을 만드는 경우의 수를 슈퍼컴퓨터를 이용해서 맞추어본다고 하자. 이 확률은 슈퍼컴퓨터를 동원한다고 해도 10의 30승 년(100억 해 년: 1,000,000,000,000,000,000,000,000,000,000년)이 걸린다.

자, 시간이 오래 걸리니 이 도둑이 세계에서 가장 빨리 조합을 만들어내는 슈퍼컴퓨터를 가지고 와서 65개짜리 비밀번호를 풀려고 합니다. 이 슈퍼컴퓨터는 1초에 무려 10^{15}(약 천조 개)의 조합을 만들어낼 수가 있습니다.

1초에 천조 개(1,000,000,000,000,000)나 연산을 할 수 있으니 이 문을 더 빨리 열 수 있다고 생각할 것입니다. 1초에 천조 개의 연산을 할 수 있으니 얼마나 빠른 컴퓨터입니까? 1년이면 약 315해 개(3.15×10^{22})의 연산을 할 수 있습니다. 하지만 이 슈퍼컴퓨터로도 10^{65}개의 비밀번호를 풀려면 10^{33}년(10조해 년, 1,000,000,000,00 0,000,000,000,000,000,000년)을 더 계산해야 합니다. 10조 년이 아닙니다. 10조해 년은 10조 년을 해의 수(10^{20})만큼이나 반복해야 하는, 거의 영원에 가까운 세월입니다. 즉, 슈퍼컴퓨터로도 거의 무한대에 가까운 시간을 투자해야지만 50개짜리 정확한 아미노산의 배열을 풀어낼 수가 있다는 것입니다.

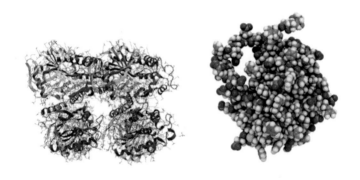

더구나 단백질은 우리가 생각했던 1차원 구조가 아니다. 대부분 단백질은 3차원, 4차원 구조이다. 이때의 확률은 더 올라간다.

인공지능과 요한계시록 그리고 부활 환생의 비밀

더군다나 1990년대 이후에 급속히 발전한 분자생물학에 의하자면 단백질은 1차원 구조가 아닙니다. 대부분이 3차원 구조를 가지고 있어요. 이 확률로 환산해보면 50개짜리 아미노산을 1차적으로 결합한 다음, 3차원적인 구조까지 가지게 되려면 확률이 훨씬 더 올라갑니다.

종합적으로 말하자면 이러한 많은 시간이 걸리는 문제들은 인간이나 자연 등등 공간적인 존재에게는 힘든 일입니다. 우리에게는 시간이 별로 없기 때문입니다. 이러한 엄청난 시행착오를 겪을 시간이 우리와 같은 공간적인 존재들에게는 부족하다는 거예요. 앞에서 말씀드렸다시피 신은 시간의 존재이기 때문에 위와 같이 시간이 오래 걸리는 것도 문제가 없다는 겁니다.

진화론 부분에서 이런 이야기를 하는 이유는 진화 자체가 시간에 관한 이야기이기 때문이에요. 이렇듯 생명의 창조라는 것은 무한대의 시간이 필요한 일입니다. 엄청난 시행착오를 겪어야 하는 일이거든요. 시행착오에는 반드시 시간이 필요합니다. 그것도 엄청나게 많은 시간이 필요해요. 그 시간을 공간의 세계에서는 도저히 감당을 할 수가 없습니다.

즉, 우리가 사는 공간의 세계는 시간의 실체가 없는 세계이기 때문입니다. 시간의 세계가 같이 공존할 때만 이러한 확률 게임이 가능하게 되거든요.

사실은 문제는 그다음이 더 심각합니다. 좀 더 정확히 말하자면, 아미노산이 만들어지기 전의 문제이죠. 바로 DNA 문제입니다. 즉, 단백질은 그냥 만들어지는 것이 아닙니다. 유전자가 있어야만 만들어지게 돼요. 아시다시피 DNA는 A, T, G, C라는 4개의 염기가 돌아가면서 정보를 저장해서 유전자의 역할을 하는 것입니다. 그런데 문제는 단백질이 만들어지기 전에 이 유전자라는 것이 먼저 만들어져야 하는데 이 유전자도 1,000개 정도의 A, T, G, C의 염기가 붙어야 만들어진다는 것입니다. 이를 계산하자면 4^{1000} 정도가 되거든요. 이 확률은 어떻게 계산해야 할까요?

예를 들어 300개짜리 아미노산으로 이루어진 단백질을 만든다고 해봅시다. 여기에는 약 900개의 DNA 염기 조합이 필요해요. 즉, ATT, AGC, CGG… 등등 3개의 염기가 아미노산 하나를 만들어내게 되기 때문에, 300개짜리 아미노산으로 된 단백질 하나를 만들어내기 위해서는 약 900개의 염기 조합이 필요하다는 겁니다. 확률이 더 늘어나는 것이죠. 즉, 4^{900}의 확률이 맞아떨어져야 하는 겁니다. 아마 이런 이야기를 한 번도 들어보신 적이 없는 분들이 많을 겁니다.

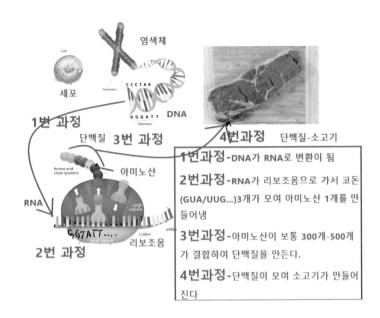

아미노산 300개짜리 단백질이 만들어지는 과정. 먼저 DNA에서 4^{900}개의 경우의 수를 만족을 시키는 것이 기본 전제이다. 또한 그 후에 10^{390}개의 경우의 수가 만족이 되어야 한다.

즉, 위의 그림과 딱 맞아떨어져야 정확한 아미노산이 만들어지게 되고, 이 아미노산들이 또한 정확하게 결합이 되어야 여기에 맞는 단백질이 만들어진다는 것입니다. 즉, 3개의 염기 조합당 하나의 아미노산이 해당이 되거든요? 그러니까 300개짜리 아미노산 단백질이면 약 900개의 유전자의 염기 조합이 필요하고요, 500개짜리 아미노산 단백질이면 약 1,500개의 유전자 염기 조합이 정확히 맞아떨어져야 한다는 말입니다. 이게 과연 자연 속에서 우연히 일어날 수 있는 일일까요? 그래서 아미노산의 수를

300개로 잡으면 DNA 단계에서는 4^{900}이라는 확률의 수가 나온다는 것입니다. 이 확률은 계산하기조차 힘들 정도로 큰 확률입니다. 1,500개를 잡으면 약 4^{1500}입니다. 즉, 이러한 코돈의 배열(CGG, GGA, TCC 등등)이 정확히 맞아떨어져야 정확한 아미노산이 만들어지는 거죠.

우리가 진화론에 백번 양보를 한다고 해도 이렇게 수학적으로 불가능해 보이는 경우의 수를 자연이 혼자 알아서 맞추어내었다는 것은 실로 불가능하게 보인다는 것입니다. 여기에서 다시 시간론의 문제가 나오는데요. 신처럼 시간의 구애를 안 받는 존재만이 이러한 확률을 다 계산해서 생명체를 만들 수 있다는 결론인 것이죠.

1990년대 이후로 지적설계론이 갑자기 부상한 이유도 이러한 분자생물학적인 근거들이 나오기 때문입니다. 자연이라는 존재가 이러한 어마어마한 확률을 혼자서 지배한다는 것은 불가능하다고 생각하기 때문입니다.

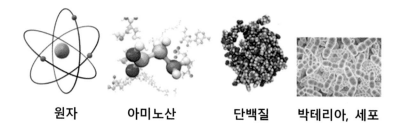

원자   아미노산   단백질   박테리아, 세포

초기 식물과 삼엽충 　　　　 아노말리카리스

어류 　　　　 육지 식물

양서류 　　 파충류 　　 포유류

조류 　　 원숭이 　　 사람

진화라는 개념은 원래 무목적적이고 우연적으로 살아남는다는 개념이지, 발전한다는 개념이 아니다. 하지만 자연계에서 일어난 위의 그림을 보면 자연은 아주 목적적이고 질서적으로 생명을 탄생시켜온 것 같다. 우리는 진화를 발전적인 개념이라고 쓰면 안 된다. 사실 그러한 개념은 진화의 원래 취지와는 정반대의 개념임을 알아야 한다.

위의 그림을 보아서는 우리가 알고 있는 진화 본연의 원칙인 우연의 반복에 의한 환경 적응이라는 말과는 전혀 다르게 보입니다. 즉, 발전된 생물체로 나아가는 어떠한 목적을 가진 과정으로 보이고 있어요. 그것도 아주 고차원적인, 합목적적인 목적을 가지고 발전해나가는 조직도처럼 보입니다.

진화론의 기본 개념은 목적론적인 것이 아닙니다. 모든 것이 우연적으로 살아남은 거고, 돌연변이에 의한 자연의 선택이에요. 즉, 우리는 어떠한 조직이 발전할 때 조직이 진화한다는 말을 쓰는데요. 이는 어쩌면 진화론이 말하는 것과는 전혀 상관이 없는, 어쩌면 정반대의 개념을 이야기하는 거예요.

우연이라는 말은 목적이 없는 거잖아요. 진화론이 이야기하는 것은 우연에 의해서 환경이 변했는데, 그 환경이 살아남은 생물의 조건과 우연히 맞아떨어진 겁니다. 그래서 자연선택이라는 말을 쓰잖아요? 발전한다는 개념이 전혀 아니라는 말입니다.

근데 사람들은 무슨 이야기를 하고 있어요? 계속 진화한다는 말을 계속 발전을 하고 있다는 의미로 쓰고 있죠? 진화에 목적이 있습니까? 진화의 진정한 개념은 목적이라는 개념과는 정반대의 개념인 우연이라는 의미가 가장 중요한 개념입니다. 즉, 발전이라는 말은 진화하고는 반대되는 개념입니다. 진화의 기본 개념은 우연과 적자생존이에요. 이걸 명확히 아셔야 합니다.

근데 단백질 하나도 만들기 힘든 상황에 무슨 진화가 될 시간이 됩니까? 위의 계산에 따르자면 지구 생명의 역사 38억 년도

인공지능과 요한계시록 그리고 부활 환생의 비밀

찰나의 순간에 불과합니다.

과학이란 논리 이전에 상식에 어긋나지 않아야 하거든요? 자식이 부모를 낳을 수는 없는 것 아니겠습니까? 하지만 그것도 엄밀한 의미에서는 확률이 0이라고는 할 수가 없지요. 그렇게 본다면 신이 존재할 확률도 0은 아니거든요?

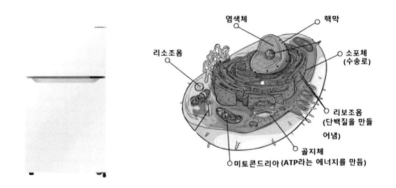

우리가 쓰는 냉장고는 전원이 한번 나가면 다시 충전을 시켜서 쓰면 되지만 생명체는 절대 전원이 나가면 안 된다. 왜냐하면 생명체는 충전한다고 해서 다시 살아나지 않기 때문이다. 이것이 우리 우주의 물질의 세계와 생명의 세계와의 근본적인 차이이다.

생명체의 특이한 점은, 생명체는 다시 살릴 수가 없다는 겁니다. 냉장고는 부속이 하나가 없더라도 그 부속을 나중에 채워주면 돌아갑니다. 다시 살릴 수가 있는 것이죠. 즉, 기계는 다시 살릴 수가 있지만 생명체는 다시 살릴 수가 없어요. 생명체는 부속이 한꺼번에 일시에 존재해야 하고 이것들이 일시에 연결이 되어야 돌아간다는 것입니다.

이것이 바로 냉장고와 생명체와의 결정적인 차이점입니다. 이 책 전체의 주제이기도 합니다. 생명체의 삶은 일회성이고 기계의 삶은 그렇지 않다는 것입니다. 즉, 생명체는 일회성으로 존재하며 한 번에 완성이 되어야 한다는 것이죠. 기계처럼 여기저기서 부속을 만들어 와 조합하는 개념이 아니라는 겁니다. 한번 무생물은 무생물이고 한번 생명은 생명이라는 것이지요.

그런 면에서 본다면 진화적으로 생명체가 탄생하기까지는 생명과 비생명의 단계를 수없이 왔다갔다했다는 결론이 나옵니다. 왜냐하면 수많은 시행착오를 거쳐야지만 진화론적인 생명체가 탄생이 되는 것이거든요. 이것은 원래 생명체의 개념과는 전혀 맞지 않는다는 것입니다. 즉, 생명체가 죽을 수는 있으나, 죽은 생물이 다시 살아날 수는 없기 때문입니다. 한마디로 말이 안 되는 소리이죠!

그리고 중요한 점은 이러한 비생명과 생명을 왔다갔다하는 것이 가능하다는 게 진화론이라면 지금도 진화 과정은 지속되어야 합니다. 그리고 지금도 생명체와 비생명체의 중간 과정이 존재해야겠죠. 하지만 지구의 어디를 가봐도 생명체는 생명체이고, 비생명체는 비생명체이지 그 중간은 존재하지 않습니다.

인공지능과 요한계시록 그리고 부활 환생의 비밀

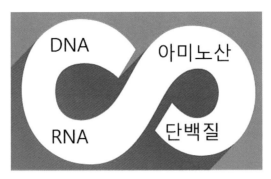

생명체라는 것은 기계와는 다르다. 생명체는 부속품을 여기저기에서 모아 와서 결합하여 움직이는 시스템이 아니기 때문이다. 생명체의 부속은 위 그림의 뫼비우스 띠처럼 한꺼번에 존재해야 의미가 있다. 생명은 살았다가 죽었다가 할 수가 없기 때문이다. 생명체는 삶 아니면 죽음 두 가지 중에 하나를 선택을 해야만 하는 존재이기 때문이다.

즉, 앞의 그림처럼 DNA, RNA, 아미노산, 단백질이 뫼비우스 의 띠처럼 얽혀 있습니다. 이들은 순차적으로 존재해도 의미가 없습니다. 반드시 서로 동시에 존재해야 합니다. 그래야 생명체 가 존재할 수 있거든요. 안 그러면 죽었다가 살았다가 하는 과정 을 거쳐야 합니다.

따라서 중간에 이 구조를 자르면 생명 자체가 존재하지를 않 게 됩니다. 그래서 '알이 먼저냐 닭이 먼저냐'라는 딜레마에 빠지 게 된다는 거예요. 즉, DNA에 의해 생산된 단백질에 의해 다시 DNA가 생산이 되기 때문이죠.

그러므로 아무리 간단한 생명체라도 생명 현상은 동시에 진행 이 되는 것이지 뭐는 따로, 뭐는 따로 만들어져서는 생명 현상이 진행되지 않는다는 것입니다. 냉장고는 그렇게 만들어도 됩니다. 부품을 따로 모아서 각각 조립한 다음에 딱 결합시키면 되죠. 하지만 생명체에서는 위에 있는 부품이 아래에 있는 부품과 연결되어 있을 뿐만 아니라 동시에 존재해야지만 가능합니다. 또한 서로가 서로의 생산에 관여해야 하는 유기적인 면에 있어서 기계와는 완전히 다릅니다.

사실 화석 이야기는 진화론에서는 그렇게 중요한 이야기가 아니거든요. 무슨 말이냐고요? 우리가 빅뱅이론이나 초기 우주론에 대해서 이야기할 때도 마찬가지입니다. 빅뱅이론에서도 사실 가장 중요한 것은 초기 3분 이야기에요. 그 후의 이야기는 별로 의미가 없습니다. 이것은 진화론도 마찬가지예요. 생명의 초기 형성 과정이 가장 중요한 이야기입니다. 그 후의 이야기는 거의 인문학적인 논쟁에 가까워요.

인공지능과 요한계시록 그리고 부활 환생의 비밀

8.
인문학과 철학적인 고찰, 반신론의 형성 과정

Ⓐ 이상세계의 삼각형과 점
(무한히 작은 점과 그들의 모임인 선)

Ⓑ 우리가 혼히 그리는 삼각형과 점
(무한히 작은 점과 그들의 모임인 선)

플라톤의 이상세계 예. 즉, 플라톤은 무한히 작은 점이나 무한히 작은 선은 인간이 그릴 수
가 없다고 보았다. 그러므로 이 세상에서는 완벽한 삼각형을 그릴 수 없다는 것이다. 이것
을 시간론 입장에서 보면 플라톤의 말이 맞다. 왜냐하면 무한히 작은 점이나 선을 그리는
것은 무한한 시간을 가진, 시간의 실체적 주인인 신만이 할 수 있는 일이기 때문이다. 이것
이 바로 2,500년이 지난 지금도 플라톤의 사상을 무시할 수 없는 이유이다. 플라톤의 '이
데아의 세계'는 시간과학에서 이야기했던, 바로 저세상 '시간의 세계'를 이야기하는 것이기
때문이다.

철학적으로 보아도 시간세계와 공간세계는 확실히 구분됩니다. 무한히 작은 점은 어떻게 그리죠? 무한히 작은 점 하나를 찍으려고 해도 당장 무한한 시간이 필요하게 됩니다. 즉, 무한한 시간을 갖지 않고서는 무한히 작은 점을 찍기 힘들다는 것입니다. 예를 들자면 우리가 내각의 합이 180도인 삼각형을 그린다고 합시다. 그렇다면 먼저 선을 그어야 하는데, 선이라는 것이 뭐지요? 선의 정의를 보자면 무한히 작은 점의 연속체입니다. 하지만 무한히 작은 점이라는 것을 우리가 그릴 수 있을까요? 무한히 작은 점을 그리려면 무한히 작은 점을 그리기 위해서 무한히 많은 시간을 보내야 하지요? 점을 그렸다고 해요. 하지만 그것은 무한히 작은 점이 아니지요?

그러면 무한히 작은 점을 그리기 위해서 또 더 작은 점을 그려야 합니다. 하지만 그 점을 그리고 나면 어떻습니까? 그것이 무한히 작은 점인가요? 아니지요? 무한히 작은 점을 그리기 위해서는 그보다 더 작은 점을 또 그려야 할 겁니다. 이런 식으로 계속 간다는 거죠. 무한히 작은 점을 그리기 위해서는 무한한 시간이 든다는 겁니다.

즉, 무한히 작은 점이라는 것은 관념의 세계에 존재하는 것이지, 우리가 사는 세계에 그러한 것은 없다는 거죠. 그 관념의 세계가 바로 '이데아의 세계'라는 겁니다. 바로 시간의 세계입니다. 즉, 모든 것의 원형은 이데아의 세계에 존재하고 우리가 사는 세계에는 그것을 흉내 내는 것에 불과한 사물이 존재한다는 것입니다.

플라톤의 이상세계의 예입니다. 즉, 플라톤은 무한히 작은 점이나 무한히 작은 선은 인간이 그릴 수가 없다고 보았어요. 그러므로 이 세상에서는 완벽한 삼각형을 그릴 수 없다는 거죠. 이것은 시간론 입장에서 보면 플라톤의 말이 맞습니다. 왜냐하면 무한히 작은 점이나 선을 그리는 것은 무한한 시간을 가진, 시간의 실체적 주인인 신만이 할 수 있는 일이기 때문이에요. 이것이 바로 2,500년이 지난 지금도 플라톤의 사상을 무시할 수 없는 이유입니다. 플라톤의 '이데아의 세계'는 시간과학에서 이야기했던 바로 저세상 '시간의 세계'를 이야기하는 것이기 때문입니다.

마찬가지로 아미노산 50개짜리 단백질 하나 조합하는 데도 그 경우의 수를 맞추려면 약 12,600,000,000,000,000,000,000,000,000,000,000,000년(1.26해×해 년)이라는 무한한 시간이 필요하지 않은가? 이러한 것들은 시간을 무한히 소유한 시간의 주인만이 할 수 있는 일이다.

실제로 시간론과 연관지어서 이야기해보자면 무한히 작은 점을 그리려면 무한한 시간을 들여야 하는 겁니다. 즉, 오직 시간의 세계에서만 진정한 점을 그릴 수가 있다는 것이지요. 무한히 작은 점을 그린다는 것은 무한한 시간의 소유자에게만 가능한 일이겠지요? 진화론에서도 이야기했듯이 아미노산 50개짜리로 된 단백질을 만들기 위해서도 거의 무한대의 시간이 필요한 것으로 나

A: BC 4-5세기 경의 그리스(플라톤이 살던시대의 지역)

B: BC 7세기 경의 페르시아(조로아스터교)

C: BC 12-15세기경의 팔레스타인 (유대교)

그 당시에 A라는 지역에 살았던 플라톤의 세계(BC 5세기)는 그전에 이미 B 지역 페르시아의 조로아스터교(BC 7세기), C 지역 팔레스타인의 유대교(BC 15~12세기) 지역과 무역을 통해 그 지방 종교의 영향을 받은 바 있다. 왜냐하면 플라톤이 살았던 헬라 지역, 즉 그리스는 그 당시 상업무역 국가였기 때문이다. 종교적으로 폐쇄적인 팔레스타인과 페르시아 지역이 그리스의 영향을 받았을까, 아니면 반대로 상업무역 국가였던 그리스 지역이 팔레스타인과 페르시아의 사상을 받아들였을까를 생각해보면 자명한 이치이다. 당연히 플라톤이 유대교나 조로아스터교의 영향을 받았을 가능성이 높다는 것이다. 왜냐하면 플라톤은 자신의 전 시대에 살았던, 파르메니데스의 정지의 철학이나 헤라클레이토스의 변증법적인 철학 등등, 그전에 나온 모든 철학과 종교적인 사상까지도 종합해서 플라톤 자신의 철학을 완성했기 때문이다. 그런데 지금의 철학자들은 정반대로 유대교나 기독교가 플라톤의 영향을 받은 것처럼 이야기하고 있다. 즉, 기독교가 플라톤의 이론을 받아들인 것은 그전에 이미 플라톤의 철학이 유대교적인 영향을 받았기 때문에 기독교와 일맥상통한 면이 많았기 때문이다. 그래서 플라톤의 철학을 받아들인 것이라고 이해하는 것이 맞다. 즉, 어거스틴의 기독교 철학은 AD 3세기경에 나와서 플라톤의 철학과 유대교의 철학을 그대로 연결시킨 플로티누스의 신플라톤주의 철학의 영향을 받은 것이다.

왔었지요? 왜냐하면 65개짜리 비밀번호를 풀어야 하는 것과 같거든요.

또한 우리의 공간우주가 쪼개도 쪼개도 아직 나오지 않은 무한히 작은 입자로 되어 있다면 이러한 공간우주를 만드는 데도 무한대의 시간이 걸릴 것입니다. 플라톤의 '이데아의 세계'는 이러한 '시간의 세계'를 이야기한 것입니다. 무한한 시간의 세계를 말한 것이죠. 플라톤은 시간의 세계가 우리가 사는 공간우주의 원형이라는 것을 정확히 짚어낸 것입니다.

그리고 여기에서 반드시 짚고 넘어가야 할 것이 있어요. 사실 플라톤의 사상은 여러모로 기독교와 많이 맞아떨어지기는 합니다. 하지만 제가 그전에도 말씀드렸다시피, 보통 철학자들이 기독교 자체가 플라톤의 영향을 받은 것처럼 이야기하는데 실제로는 그 반대의 상황이라고 했습니다.

플라톤은 그전에 유행했었던 이오니아 지방(지금의 터키 지역)의 엘레아 학파(파르메니데스, 제논)가 주장한 정지의 철학과 헤라클레이토스의 변증법의 영향을 받아서 사상을 정립한 것으로 알려져 있습니다. 그리고 그리스는 그 당시 지중해 최대의 무역국가였습니다. 그러한 점으로 미루어 볼 때 플라톤은 유대교나 조로아스터교에 대해서도 잘 알았을 것으로 보고 있어요. 그러니 기독교가 플라톤의 영향을 받았다기보다는 플라톤의 사상이 오히려 유대교나 조로아스터교의 영향을 받았다고 보는 것이 옳다고 보아야 할 것입니다.

사실 유대교와 조로아스터교의 관계에 있어서도 논란이 많아요. 하지만 조로아스터교가 유대교의 영향을 받았다고 보는 것이 더 정확한 사실입니다.

　철저한 이원론적 유일신론 사상을 보여준 조로아스터교는 그 당시의 문화 상황을 볼 때 그 기원을 유대교로 볼 수밖에 없을 정도로 아주 독특한 종교였어요. 그 당시의 오리엔탈 지역에서는 같은 신에 대한 사상을 가진 종교는 유대교 말고는 없거든요. 즉, 대부분 혼합신이나 자연신을 믿는 사상밖에 없었어요. 유대교와 조로아스터교의 신에 관한 사상은 그 당시에 아주 특이한 사상이었습니다.

　그런데 조로아스터교가 나온 시점을 보면 조로아스터교가 유대교의 영향을 받았다고 보는 게 맞아요. 즉, 이스라엘의 멸망 시기와 조로아스터교의 출현 시기가 일치하고 있거든요. BC 722년에는 북이스라엘이 앗시리아에 의해서 멸망하고, BC 586년에는 바빌로니아에 의해서 남쪽 유다가 멸망하게 되죠. 그런데 공교롭게도 BC 600년대 중반에 조로아스터교가 출현합니다. 보통 조로아스터교를 창시한 조로아스터의 출생 연도를 BC 660년경으로 보고 있거든요. 이러한 우연의 일치(?)를 볼 때, 유대인이 페르시아 지역에 있는 나라들의 포로로 잡혀가던 시절에 유대교의 사상이 페르시아 지역에 유입이 되었을 것이라는 생각이 더 합리적이지 않겠습니까?

　정확히 말하자면 조로아스터교의 이원론적인 유일신 사상은,

유대교의 사상을 페르시아 지역에서 자기들만의 식으로 재해석해서 만들어진 것이라고 보는 것이 더 합리적인 생각입니다. 그런데 이것을 정반대로 해석한 사람들이 있어요. 하지만 생각해보세요. 유대교가 형성된 시기를 최소 BC 12세기나, 오래 보면 BC 15세기까지 보고 있습니다. 그렇다면 훨씬 더 오래된 유대교가 조로아스터교의 영향을 받았겠습니까? 아니면 800년 후에 나온 조로아스터교가 유대교의 영향을 받았을까요? 말할 가치도 없는 당연한 이야기이죠. 당연히 조로아스터교가 유대교의 영향을 받았겠지요. 출현 시기를 볼 때나 사상의 유사성을 볼 때 이것은 명확한 사실입니다.

그리고 앞에서 말씀드렸다시피 플라톤이 살던 그리스 지역은 농토가 거의 없어요. 그래서 그리스인들은 일찍부터 해상무역을 발달시켜서 먹고살아야 했습니다. 그래서 말하는 기술이 발달한 거예요. 즉, 상인으로 먹고살려면 어떻게 해야 합니까? 당연히 말을 잘해야 하지요. 그래서 그리스 지역에서는 일찍부터 말하기를 좋아하고, 토론을 잘했어요. 그래서 철학이 일찍부터 발달을 했는지도 모릅니다. 심지어는 말하는 법을 가르치면서 먹고살던 소피스트들까지 나왔잖아요?

여하튼 그리스는 고대에 가장 발달한 상업 국가였습니다. 그래서 많이 돌아다녀야 했어요. 여기도 가보고, 저기도 가보면서 견문을 넓힐 필요가 있었던 거죠. 그래서 그 당시에 주위 국가들에 대해서 아주 잘 알고 있었어요. 사실 알고 보면 파르메니데스나 제논 등의 엘레아 학파가 살았던 이오니아 지방도 전혀 다른 나라였죠. 하지만 플라톤은 그 지역의 사람들의 사상에 대해서 잘 알고 있었잖아요? 마찬가지로 팔레스타인 지역의 유대교나 페르시아 지역의 조로아스터교에 대해서도 잘 알고 있었습니다. 사실 파르메니데스 같은 사람의 철학도 가만히 보면 유대교나 조로아스터교처럼 신학적인 부분에 대해서 이야기하는 부분이 많아요. 즉, 그 당시 이미 문명권들이 서로가 서로에게 배우고 영향을 미치고 살았다는 증거입니다. 그런 면에서 본다면 플라톤의 사상에 유대교적인 부분과, 조로아스터적인 부분이 들어가 있다고 보는 것이 확실하다는 겁니다.

그리고 여기서 제일 중요한 사람이 AD 3세기경에 나타나 플라톤의 사상을 재정립한, 신플라톤주의로 불리는 플로티누스(205~270)라는 사람입니다. 이 사람은 아예 자기의 철학을 플라톤의 사상과 유대교의 사상을 혼용해서 만들었어요. 초기 기독교 사상을 정립한 사람이 우리가 잘 아는 어거스틴(354~430)이라는 사람인데 어거스틴이 바로 이 플로티누스의 사상을 많이 인용한 것은 사실입니다. 하지만 앞에서 보았듯이 플라톤도 이미 유대교의 영향을 받은 상태에서 자신의 철학을 발전시켰고, 플라톤의 사상을 계승한 플로티누스는 아예 유대교의 사상을 플라톤의 사상과 접목시킨 사람입니다.

즉, 어거스틴이 받아들인 것은 플로티누스의 신플라톤주의를 받아들인 것이 아니라, 플라톤과 플로티누스에 의해서 철학적으

인공지능과 요한계시록 그리고 부활 환생의 비밀

로 재해석된 유대교를 받아들인 것입니다. 즉, 유대교의 철학을 계승하여 기독교의 철학을 완성했다고 보는 것이 더 정확한 표현인 것입니다. 이러한 내용을 잘 모르는 사람들이 어거스틴이 플라톤과 플로티누스의 철학을 바탕으로 기독교 철학을 만들어낸 것처럼 이야기하는 것은 하나만 알고 둘은 모르는, 말 그대로 아주 잘못된 생각이라는 것입니다.

9.
인간의 영혼은 어떻게 만들어지는가?

　신이 제일 먼저 한 게 뭐였죠? 바로 '말'이었죠? 말로 천지를 창조했다고 했잖아요. 바로 언어를 사용한 겁니다. 즉, 이 '말'이라는 것은 그렇게 단순한 것이 아닙니다. 근대주의 시대의 사람들에게 신이 말로 우주를 창조하였다는 것이 제일 웃음거리가 되었는데, 정작 지금 현대의 학자들은 이 말의 중요성에 집중을 하고 있거든요. 특히 정신의학이라든지 심리학에서는 말이 얼마나 중요합니까? 말이 거의 전부라고 봐도 될 정도예요. 앞서 시간론에서 잠깐 다룬 바 있지만 '영혼의 세계는 시간의 세계이다. 그리고 지금 이 공간우주에서는 실체적인 시간은 없어지고 시간의 흔적인 시계만이 남아 있다. 이 공간우주에서 진정한 시간은 우리의 영혼 안에만 존재하고 있다. 즉, 좀 더 정확히 말하자면 우리가 사는 공간우주에서의 실체적인 시간은 영혼 안에서만 인식되는 것이다. 그리고 그 영혼에 가장 핵심적인 역할을 하는 것은 바로 언어다'라고 다소 복잡한 이야기를 하였습니다. 다소 복잡한 이야기이니까 앞의「1. 시간의 세계」부분을 참조해주십시오.

이제부터 언어와 인간의 영혼의 관계성에 대해서 이야기하고자 합니다. 이러한 언어에 대해서 이야기를 하신 분이 비고츠키 (1896~1934)란 분이에요. 이분은 러시아 교육자인데요, 피아제 (1896~1980)와 쌍벽을 이룰 정도로 아동발달 심리학 연구를 많이 하신 분이에요. 러시아 학자였기 때문에 서구인들이나 우리에게는 조금 생소하신 분이라고 했습니다. 최근에 많이 연구되고 있는 분이지요.

이분이 굉장한 이론을 제시를 했죠. 이분의 연구에 의하자면 감각을 받아들이는 것에는 시각장과 청각장이 있다고 합니다. 그런데 이 중에서 시각장이라는 것은 시간이 안 걸린다고 해요. 즉, 딱 한눈에 보여주는 거잖아요. 그러니까 동물과 인간은 시각으로 보는 눈은 똑같습니다. 시간의 전후가 없기 때문이에요.

하지만 인간의 청각은 시간이 걸립니다. 언어 때문에 그렇습니다. 우리가 흔히 하는 말이, 한국말은 끝까지 들어봐야 안다고 하죠? 즉, 이해하는 데 시간이 걸린다는 말입니다. 언어에는 바로 시간의 개념이 있기 때문에 그렇습니다. 이해하는 데 순차적으로 해석을 해야 하기 때문에 시간이 필요한 거예요. 즉, 인간의 청각은 언어라는 장치가 있어서 순차적으로, 시간적으로 이해해야 합니다.

동물에게는 청각에서도 시간이 필요가 없죠. 동물한테 청각은 시각과 마찬가지로 신호 체계에 불과하기 때문에 그렇습니다. 즉, '시각장'은 순간으로 펼쳐지기 때문에 '시간이 걸리지 않는' 반면, '청각장'은 말소리를 들으면서 정리를 해야 되는 '시간장'이 형성된다는 거죠.

 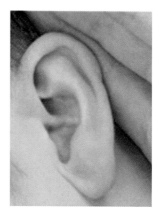

비고츠키에 따르면 눈은 뇌에 '공간장'을 형성하고, 귀는 언어의 영향으로 인해 뇌에 '시간장'을 형성한다고 한다. 이는 아주 중요한 발견이다. 언어에 의해 만들어지는 이 '시간장'이 인간의 영혼에 시간적인 존재를 만들고 그것이 바로 '영혼'이라는 기관이다.

언어에 의한 청각장의 특징은 시간적으로, 순차적으로 언어를 정리해야 된다는 겁니다. 시각은 딱 보고 아는 거지만, 청각은 듣고 정리를 하고 논리를 채워나가는 과정이 필요하다는 거예요. 이렇게 함으로써 시간장이 만들어진다는 겁니다. 이 사실은 굉장히 중요합니다. 굉장한 이론이에요.

인공지능과 요한계시록 그리고 부활 환생의 비밀

그러니까 인간이, 인간이 될 수 있는 것은 언어에 의한 청각장이 발달하면서 인간의 뇌 안에 시간장이 생성되기 때문이라는 거죠. 그리고 마침내 인간은 이 시간장 안에서 영혼이라는 것을 형성하게 되고, 목적지향적인 존재가 된다는 것입니다.

즉, 인간에게는 이러한 시간장이 존재하므로 영혼의 특성을 띠게 되어 목적지향적인 존재가 되고, 동물은 아무리 지능이 높다고 하여도 언어라는 것이 없기 때문에 이러한 시간장이 형성이 되지 않아 전일지향적, 즉 본능지향적인 존재가 됩니다.

전일지향적이라는 말은 오로지 본능에만 집중을 한다는 말입니다. 즉, 동물들은 오로지 먹고사는 것에만 관심을 가지지요? 집에서 개를 키워보신 분들은 알겠지만, 개들을 한 10년 정도 키우면 사람 짓을 한다고 그러잖아요? 물론 개들이 인간과 언어 동화작용을 통해서 굉장히 영특해지는 것은 사실입니다. 하지만 그 영특해진다는 것이 자기의 본능에 더 충실해지게 된다는 것이지,

개를 10년 정도 키우다 보면 거의 사람처럼 행동하는 것을 볼 수 있다. 하지만 이때에도 개는 자기 자신의 본능 외에는 관심이 없다. 단지 그것을 세련되게 표현하는 것일 뿐이다.

인격적으로 성장한다는 것은 아니잖아요?

즉, 개들이 어렸을 때는 먹을 것을 달라고 하는 방식으로 짖는 행위만을 했지만, 나이가 들어서는 눈짓을 하거나 어떠한 제스처를 더 취한다든지 하는 것이 달라진다는 것일 뿐입니다. 개들은 아무리 나이를 먹어도 본능만을 추구합니다. 개들이 인간처럼 된다고 해서 말을 하거나, 양심을 추구하지는 않잖아요? 개들이 오로지 좋아하는 게 뭐예요? 그들에게는 오로지 먹는 즐거움이나 편안해지고 싶은 본능밖에는 없잖아요? 그 부분은 개들이 설사 100년을 산다고 해도 똑같을 것입니다. 이것이 바로 전일지향적인 삶을 산다는 말입니다.

굉장히 중요한 내용입니다. 즉, 인간은 언어에 의한 시간장이 형성이 되면서 영혼이 만들어지게 되고, 시간을 잡아내어 시간장을 형성합니다. 그럼으로써 영혼적인 존재가 될 수가 있습니다. 동물에게는 이 과정이 없다는 거예요. 그래서 언어가 진정한 인간을 만든다는 말이 이런 의미인 것입니다.

인간이 언어를 통해서 청각장을 시간장으로 변형시키고, 그 시간장을 통해서 영혼을 만든다는 이야기는 아주 중요한 이야기입니다. 영혼은 시간적인 존재라는 이야기를 했지요? 영혼과 시간, 시간과 중력, 그리고 중력과 생명의 연관성을 잘 살펴보아야 합니다. 이런 면에서 본다면 중력자와 영혼은 우리가 사는 공간우주와 시간의 세계와의 사이에서 매개체 역할을 합니다. 이 말이 이 책 전체의 주제입니다. 큰 스토리이기도 하고요. 그래서 언어

인공지능과 요한계시록 그리고 부활 환생의 비밀

에 의한 청각 효과를 통해서 시간장이 만들어진다는 것은 아주 중요한 내용입니다.

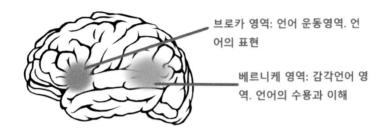

브로카 영역: 언어 운동영역. 언어의 표현

베르니케 영역: 감각언어 영역. 언어의 수용과 이해

대뇌의 측두엽에는 두 영역이 있는데 베르니케 영역과 브로카 영역이 그 두 가지이다. 그 중에서 베르니케 영역은 언어를 받아들이는 영역이고, 브로카 영역은 언어를 표현하는 영역이다.

우리가 소리를 들으면 귀에 있는 1차 청각피질에서 1차 해석을 합니다. 그리고 그다음으로는 언어 감각을 담당하는 곳, 즉 베르니케 영역으로 보내죠. 여기에서 언어를 해석하는 거예요. 그리고 그다음으로는 운동언어 영역인 브로카 영역으로 신호를 보내 말을 하게 됩니다. 즉, 말을 듣고 그 말을 해석하는 곳이 베르니케 영역이고, 그 말을 해석해서 그것에 마땅한 언어를 만들어내는 곳이 브로카 영역이라고 보시면 돼요.

이러한 과정이 반복되면 어떻게 되겠습니까? 대뇌 전체적으로 지식이 쌓이게 되겠죠. 우리가 이것을 통상적으로는 학습이라고 합니다. 그다음에 이것을 기억시키는 겁니다. 기억은 지식을 쌓아주죠. 여기까지의 과정은 동물과 비슷합니다. 하지만 인간에게는 언어라는 매개체가 있어서 이러한 과정의 효율이 동물들과는 거의 무한대로 차이가 날 정도가 됩니다.

언어라는 매개체의 힘은 과연 무엇일까요? 언어라는 매개체의 힘은 놀라운 정보력의 집적입니다. 이는 마치 DNA가 엄청나게 함축된 집적도로 생명체에게 유전자로써 어마어마한 정보를 주는 것에 비유를 할 수가 있습니다. 우리의 언어를 가만히 살펴보면 정보를 함축하는 성격이 있음을 알 수가 있지요?

'위산'이라는 말을 살펴볼까요? 여기에는 보다 더 복잡한 말들이 들어가 있어요. '산'이라는 의미와 '위'라는 의미가 들어가 있죠? '위에 있는 산'이라는 의미죠. 즉, 이 말은 위에 존재하는 산이라는 말과 산이 있는 위라는 장소, 그리고 위산의 특징적인 기능까지도 설명해주고 있죠. 말 자체는 간단해 보이지만 이 말에는 수백 년간 연구해온 결과, 즉 위에 있는 산이라는 엄청난 정보를 가르쳐주고 있는 겁니다.

우리가 지금 쓰고 있는 언어들을 보세요. 우리가 쓰고 있는 언어들은 500년 전의 사람들이 볼 때는 거의 외계어처럼 들릴 것입니다. 엄청난 정보와 역사와 진리가 한마디 한마디에 들어가 있는 것이죠. 지금 시대의 초등학생들은 500년 전의 사람들에 비하면 엄청난 물리학자요, 화학자요, 인문학자인 것입니다. 이것이 바로 언어의 힘인 것입니다.

인공지능과 요한계시록 그리고 부활 환생의 비밀

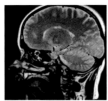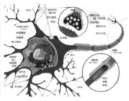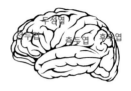

인간의 뇌세포는 시냅스로 연결이 되어 있다. 그런데 인간에게는 이 매개체가 조건, 무조
건 반사에 의한 단순한 본능이 아니라 언어 반사에 의한 언어가 된다. 그럼으로써 시간장
이 형성되고, 이로 인해 동물에게는 생길 수 없는 영혼이라는 시간 존재가 형성이 된다.

　인간에게는 뇌라는 도로망도 엄청나게 발달해 있는데, 그것을 통해 실어 나르는 화물이 최고도로 집적된 정보물(언어)이니, 인간의 뇌는 완벽한 시간장을 형성하게 된 것입니다. 이것이 바로 신이 인간에게 영혼이라는 시간장을 만들어놓은 방법입니다. 그리고 이 영혼을 통해 인간은 시간의 세계에 들어갈 수 있게 된 것이죠.